Schoá: Sepultos nas Nuvens

Coleção Khronos
Dirigida por J. Guinsburg

Equipe de realização – Tradução: Fany Kon e J. Guinsburg; Revisão de provas: Fernanda Stucchi; Assessoria editorial: Plinio Martins Filho; Projeto gráfico: Sergio Kon; Produção: Ricardo W. Neves e Raquel Fernandes Abranches

Gérard Rabinovitch

Schoá: Sepultos nas Nuvens

Título do original francês
Shoah: Ils avaient leur tombe dans les nuages

Dados Internacionais de Catalogação na Publicação (CIP)
(Câmara Brasileira do Livro, SP, Brasil)

Rabinovitch, Gérard
Schoá : sepultos nas nuvens / Gérard Rabinovitch; [tradução Fany Kon e J. Guinsburg]. — São Paulo : Perspectiva, 2004. — (Khronos)

ISBN 85-273-0698-0

1. Anti-semitismo 2. Guerra Mundial, 1939-1945 - Judeus 3. Holocausto judeu (1939-1945) 4. Judeus - Perseguições 5. Nazismo I. Título. II. Série.

04-4363 CDD-940.5318

Índices para catálogo sistemático:
1. Holocausto judeu : Guerra Mundial, 1939-1945 :
História 940.5318

EDITORA PERSPECTIVA S.A.
Av. Brigadeiro Luís Antônio, 3025
01401-000 São Paulo SP Brasil
Telefax: (11) 3885-8388
www.editoraperspectiva.com.br
2004

Leite preto da aurora bebemos à tarde
meio-dia o bebemos e toda manhã toda noite.
bebemos bebemos.
cavamos no ar onde há lugar para a gente deitar-se uma cova.
há um homem na casa que brinca com cobras que escreve que escreve no ocaso à Alemanha natal Margarete suas tranças douradas que ele escreve e vai diante da casa e as estrelas fulguram chamar assobiando seus cães
chamar seus judeus assobiando mandando-os cavarem na terra uma cova ele manda tocarmos agora uma dança
Leite preto da aurora bebemos você toda noite
bebemos você de manhã meio-dia e de tarde
bebemos bebemos
há um homem na casa que brinca com cobras que escreve
que escreve no ocaso à Alemanha natal Margarete suas tranças douradas
Sulamita suas tranças cinzentas cavamos no ar onde há lugar para a gente deitar-se uma cova
Ele manda vocês aí escavarem mais fundo este solo e vocês lá cantando e tocando
tem um ferro em seu cinto que pega e que brande tem olhos azuis
vocês com as pás escavando mais fundo e vocês lá tocando essa dança
Leite preto da aurora bebemos vocês toda noite
bebemos você de manhã meio-dia e de tarde
bebemos bebemos
há um homem que está Margarete suas tranças douradas
Sulamita suas tranças com cinzas na casa e que brinca com cobras
Ele manda tocarmos a morte com gosto que a morte é um mentor da Alemanha
ele berra ao ferirem mais fundo os violinos vocês flutuarão como ar a fumaça
e vão ter com lugar pra deitar-se uma cova nas nuvens
Leite preto da aurora bebemos você toda noite
bebemos você meio-dia é que a morte é um mister da Alemanha
bebemos você toda tarde e manhã nós bebemos bebemos
é que a morte é um mentor da Alemanha com olhos azuis
que acerta uma bala de chumbo em você sempre acerta na mosca
há um homem que está Margarete suas tranças douradas na casa
que solta cachorros na gente e que no ar nos concede uma cova
que brinca com cobras e sonha é que a morte é um mister da Alemanha
Margarete suas tranças dourada
Sulamita suas tranças em cinzas.

PAUL CELAN,
Fuga fúnebre *(tradução de Nelson Ascher)*

SUMÁRIO

O Nazismo

O Crime em atos

LIÇÕES:

NÃO "PORQUÊ?" MAS "COMO?"

"Não há história mais difícil de narrar em toda História da humanidade", advertia Hannah Arendt. "Dentro dela há apenas aflição e desespero" acrescentava. Abordar o *essencial* sobre tal tema leva a correr o risco, nesse caso preciso, de se ficar apenas na espuma da história. Por isso, escolhemos esclarecer algumas das interrogações comumente encontradas que lhe são relativas. Aquelas que, cada um de nós, ao se deparar com esse tema, pode conceber ou que lhe são sugeridas por alusões fugazes, dos não-ditos expressos, dos clichês obscuros, das evidências evitadas. Tentar responder a *algumas* dessas interrogações não esclarecerá o *porquê* da Schoá, na verdade, dará uma indicação do *como*. Responder ao "porquê" exigirá que a civilização tenha completado preliminarmente a tarefa e estabelecido a distância que lhe assegurará de não mais soçobrar como o fez. A hora do "porquê" não soou. Soará ela jamais?

APRESENTAÇÃO DO PROBLEMA:

PRÓLOGO

I. Schoá, uma Decisão Léxica

Cada vez que abordamos os terrenos tenebrosos do nazismo tropeçamos na questão da linguagem, da *decisão léxica*. As palavras aqui são desafiadas ao mesmo tempo a não desrespeitar as vítimas e aclarar, por certo, tenuemente, a noite na qual a pessoa está se arriscando a entrar.

Cuidar das palavras empregadas, dos traços subjacentes que as conotam e até mesmo do seu destino habitual de bifurcação assim que passam para o uso comum, é uma maneira de não dobrar a espinha diante da facilidade comum da imprudência proferidora. É uma batalha de insubmissão. O mesmo se dá com a emergência da denominação de *Schoá* em oposição a outras designações: "solução final", genocídio, Holocausto, *Hurban*, judeocídio.

Abandonemos de imediato a expressão "*solução final*" que, mesmo limitada pelas aspas que a rodeiam, pertence à retórica da linguagem nazista. Empregá-la é fazer concessão à linguagem dos assassinos.

Genocídio é um termo forjado pelo jurista Raphaël Lemkin, em 1944, como eco à concepção *racialista* do mundo anunciado pelos nazistas (do grego *genos*: raça). Depois, porém, ele derivou para a designação de todos os morticínios em massa, não consignando mais sob sua denominação senão o caráter *quantitativo* dos massacres.

Holocausto é um termo de origem bíblica que designa as práticas do sacrifício e da oferenda na devoção antiga. Recheado de uma interpretação teológica, neste caso, de substrato cristão, transforma o extermínio em um sacrifício idêntico à crucificação. A interpretação teológica é uma violência feita, depois do ato, às vítimas que não haviam pedido para serem sacrificadas.

Acontece o mesmo com o termo menos conhecido de *Hurban*[*], no seio do mundo ultra-religioso do judaísmo. Ele denota o extermínio, assim como, a destruição dos Templos de Jerusalém. Esse terceiro *Hurban* participaria de vias divinas cujo sentido escapa aos humanos, mas que os atinge, não obstante.

O termo de *judeocídio* foi forjado com base no modelo do "genocídio", para corrigir o desvio quantitativo deste, pelo historiador Arno Meyer. Inscreve-se perfeitamente no distanciamento inerente à língua erudita, embora designando exatamente do que se tratou. Reintegra a vontade nazista de aniquilamento do povo judeu e da extinção de sua presença na História humana. Nesta qualidade, seu emprego não se oferece a nenhuma confusão.

Contudo o termo hebraico Schoá parece o mais apropriado para designar universalmente o *extermínio*. De um lado, em oposição ao falar dos assassinos, ele dá em primeiro lugar a palavra às suas principais vítimas extraindo na língua original delas o termo pelo qual se deve designar aquilo que lhes foi feito. De outra parte, traduzido por "catástrofe", exprime, ao mesmo tempo, que esta catástrofe ao golpear suas vítimas também atingiu a civilização na qual ela se tornou possível. Enfim, "catástrofe" é uma noção desprovida de outros significados *inclusos*. Schoá não comporta

*. Destruição em hebraico e ídiche. (N. da T.)

nenhum subentendido, nenhuma interpretação prévia. Esta noção exprime o silêncio depois do efeito de um cataclismo, o vazio que recorta a evidência da irreversibilidade.

Assim, com o termo Schoá, não são mais os judeus que constituem "questão" como os anti-semitas exultavam em pensar, porém, as vítimas judaicas da Schoá que colocam uma questão à Humanidade: como isso foi possível?

II. Mapa dos Campos e das Ações dos Einsatzgruppen

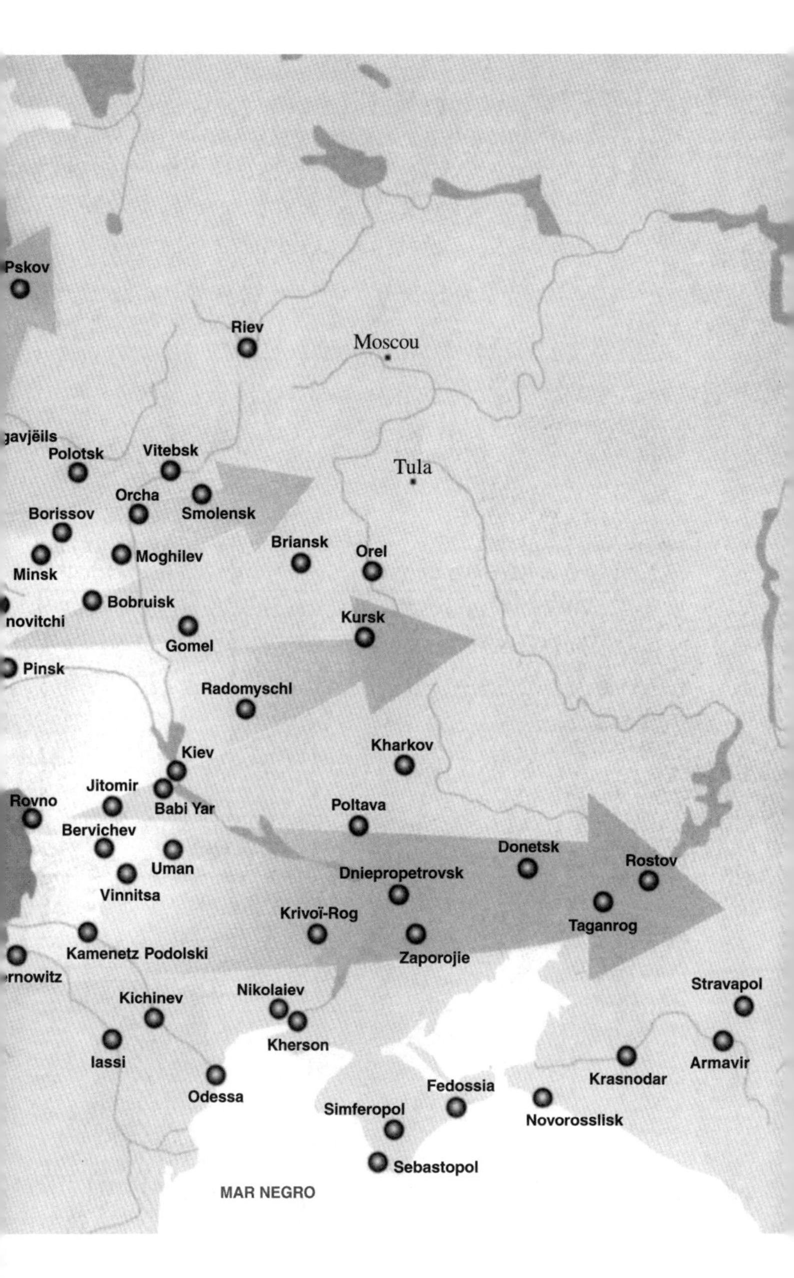
Pskov
Riev
Moscou
ɟavjēils
Polotsk
Vitebsk
Tula
Orcha
Smolensk
Borissov
Briansk
Orel
Moghilev
Minsk
Bobruisk
novitchi
Kursk
Gomel
Pinsk
Radomyschl
Kiev
Kharkov
Jitomir
Rovno
Babi Yar
Poltava
Bervichev
Donetsk
Uman
Rostov
Dniepropetrovsk
Vinnitsa
Krivoï-Rog
Taganrog
Kamenetz Podolski
Zaporojie
ɪrnowitz
Stravapol
Kichinev
Nikolaiev
Kherson
Iassi
Armavir
Krasnodar
Odessa
Fedossia
Simferopol
Novorosslisk
Sebastopol
MAR NEGRO

III. Quadro de Recapitulação das Vítimas[1]

Civis e prisioneiros de guerra exterminados pelos nazistas

Prisioneiros soviéticos	3.500.000
Detidos em campos de concentração	100.000
Eutanásia dos doentes mentais e deficientes	de 70.000 a 100.000
Ciganos	240.000
Judeus	de 5.100.000 a 5.860.000

Número de vítimas judias distribuídas segundo a causa da morte (versão por baixo)

Guetos e privações	800 000
Massacres fora dos campos (*Einsatzgruppen*)	1 300 000
Campos de extermínio	2 700 000
Outros campos	300 000
TOTAL	5 100 000

1. Fontes: R.Hilberg: *La destruction des Juifs d'Europe*, Fayard, 1988. E. Jäckel. P. Longerich, J.H. Shoeps, *Enziklopädie des Holocaust*, Argon, 1993.

Número de vítimas distribuídas por países

País	Mortos segundo Hilberg	Mortos segundo Jäckel	População judaica em 1939	% exterminados
Alemanha	mais de 120.000 a 134.500	141.500	240.000	50%
Áustria	mais de 50.000	50.000	60.000	83%
Bélgica	24.000	28.900	90.000	27%
Bulgária	-	0	50.000	-
Dinamarca	-	60	6500	-
Estônia	2000	1500 a 2000	4500	44%
Finlândia	-	7	2000	-
França	75.000	77.320	270.000	28%
Grécia	60.000	67.000	74.000	81%
Hungria[2]	mais de 180.000	550.000 a 569.000	4.000.000	45%
Itália	9000	7680	50.000	18%
Letônia	70.000	70.000 a 71.500	95.000	74%
Lituânia	130.000	140.000 a 143.000	145.000	90%
Luxemburgo	menos de 1000	1950	3000	33%
Noruega	menos de 1000	762	2000	45%
Países-Baixos	mais de 100.000	100.000	140.000	71%
Polônia	até 3.000.000	2.900.000 a 3.000.000	3.000.000	89,5%
Romênia	270.000	271.000 a 287.000	750.000	36%
Tchecoslováquia	260.000 a 227.300	224.300 a 315.000	227300-	82,5%
URSS	mais de 700.000	1.000.000 a 1.100.000	3.020.000	33%
Iugoslávia	60.000	56.200 a 63.300	75 000	80%
TOTAL	**5.100.000**	**5.596.000 a 5.860.000**	**9.142.000**	**entre 56% e 64%**

2. As "incoerências" dos números se devem aos problemas das fronteiras dos países nomeados.

Os números de Hilberg: 180.000 mortos, são aqueles computados incluíndo as fronteiras húngaras de 1937. O total de 750.000 judeus na Hungria, número também de Hilberg, inclui os dos territórios anexados pela Hungria (Ucrânia subcarpática e Transilvânia). Os 400.000 judeus da Hungria são computados tendo por base as fronteiras de 1937.

O número fornecido por Jäckel é avaliado tendo por base os 750.000 judeus da Hungria "ampliada" com seus territórios anexados.

Nas duas somas pormenorizadas encontramos quase o mesmo número de judeus "sobreviventes": 200.000.

CONTEXTO

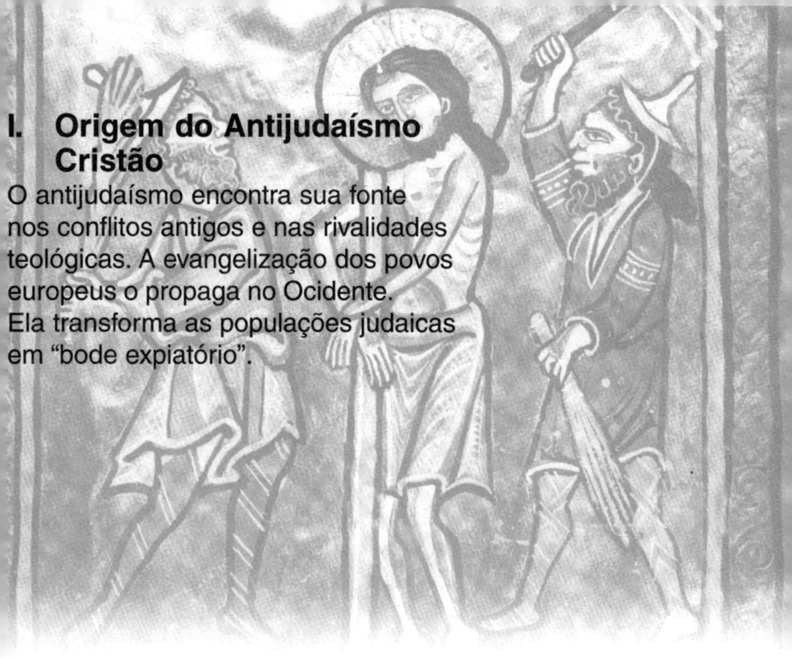

I. Origem do Antijudaísmo Cristão

O antijudaísmo encontra sua fonte nos conflitos antigos e nas rivalidades teológicas. A evangelização dos povos europeus o propaga no Ocidente. Ela transforma as populações judaicas em "bode expiatório".

Na origem: uma disputa "fraternal"

O cristianismo constitui uma das ramificações da religião nacional dos hebreus com a qual, ao crescer, entra em conflito. Esse conflito relaciona-se com o *edifício central* da concepção hebraica monoteísta do mundo: a *doação da Lei*, conjunto de prescrições e de interdições devidas a um Deus único, que regem os comportamentos dos humanos a fim deles não se destruírem uns aos outros, e a *espera do Messias*, guia encarregado de vir ajudá-los a estabelecer um mundo de paz e de fraternidade definitivas. O cristianismo nasce da convicção de que Jesus era esse Messias esperado (cristianismo significa messianismo) e que a Lei pode ser abolida (São Paulo), visto que ela é realizada pelo Amor, do qual o sacrifício de Jesus é o Sinal exemplar. Pouco influente entre os hebreus, ele seduziu as populações vizinhas. As duas religiões, a mãe e a filha, vão se defrontar. No mesmo período elas terão, cada qual, de sofrer a dominação de um Império

Uma coisa é mais temível do que as "irregularidades da linguagem" descritas por Georges Bataille. São certas grandes regularidades de linguagem na História.

JEAN-PIERRE FAYE

Romano pagão. Os judeus, oprimidos nacionalmente, serão forçados ao exílio, expulsos da Judéia. Os cristãos, perseguidos religiosamente, serão acusados de feitiçaria (por causa de suas reuniões noturnas...) ou de antropofagia (devido ao rito da comunhão...) e lançados às arenas.

A matriz do discurso judeófobo

Os cristãos, ao se proclamarem o "Verdadeiro Israel", obterão para si uma vantagem definitiva sobre os judaizantes com o deslocamento do centro de gravidade de sua audiência para os povos pagãos convertidos e a conversão do imperador Constantino. Os judeus subsistirão, mas na precariedade política. O *enxerto* do conflito político-ideológico entre judeus e cristãos sobre as populações pagãs superficialmente cristianizadas engendrará uma violência mortífera alimentada de mal-entendidos, calúnias, lendas terrificantes. O cristianismo, ao se helenizar, recupera o teor de panfletos políticos anti-hebraicos da antigüidade politeísta grega e latina. Aqueles servirão de *matriz* às acusações antijudaicas da Idade Média. Acusações de mortes rituais, de ateísmo, de difusão da lepra etc., já levantadas por Flávio Josefo em seu *Contra Apio* no final do primeiro século da era comum.

Instalação da tentação assassina

Por vezes condenadas por Papas (Clemente VI ou Gregório, o Grande), por vezes manipuladas por outros e pelas ordens missionárias (dominicanas, franciscanas), acrescidas de novas calúnias (profanações de hóstias, envenenamento de poços), alimentadas de terrores primitivos (peste negra), essas acusações servem a política de ostracismo contra os judeus, desejada pela Igreja para forçá-los à conversão (Concílio de Latrão, 1215). Elas acarretarão sobretudo uma sucessão de morticínios dos judeus, por ocasião das Cruzadas (1096), dos movimentos coletivos de exaltações populares: Pastorinhos (1251), Flagelantes (1348), ou a constituição de bandos itinerantes de assassinos (os "Matadores de Judeus" na Alsácia e Francônia, 1339, 1336).

Xilogravura de c. 1470, representando judeus mamando de uma porca e comendo seus excrementos. (Anônimo)

O antijudaísmo cristão lançou sobre os judeus a rede de discurso estigmatizante, obcecado pela tentação assassina.

II. Nascimento de um Povo Pária

Sem possibilidade de retornar à Judéia, as comunidades judaicas dispersas tentam sobreviver em um meio ora acolhedor ora hostil. A Revolução Francesa mudará a situação.

Uma errância imposta

Reunidos em torno da Torá (Pentateuco), verdadeira "pátria portátil" segundo a definição do poeta Heinrich Heine, e dos comentários sobre ela de seus grandes eruditos (Talmud), os judeus, ao mesmo tempo comunidade religiosa e comunidade nacional, grupo étnico e conjunto civilizacional, errarão em ordens dispersas de uma ponta à outra da Europa. Artesãos, mercadores, agricultores, navegantes, viticultores, médicos, músicos, eruditos, financistas, filósofos, diplomatas, chefes militares, conselheiros dos monarcas, eles praticam todas as profissões. Pelo menos enquanto as autoridades cristãs (católicas, luteranas, ortodoxas) não decretem as interdições profissionais, forçando-os à miséria ou constrangendo-os às profissões de agiotagem (empréstimo sobre penhoras). Ou enquanto os poderes seculares, por interesse político e econômico, não cedam de todo a essas pressões. Desprovidos de

A História desse povo parece, vista de fora, como uma fuga perpétua tão aventurosa quanto improvável.

FRIEDRICH DÜRRENMATT
Sur Israël.

território próprio e de Estado, fragmentados em comunidades de tamanhos variados sem outros laços, senão o de uma solidariedade de rejeitados, os judeus se vêem sacudidos através do continente. Sofrendo o ditado de imposições, segundo as mudanças bruscas de humor dos príncipes reinantes, e submetidos ao ritmo dos ostracismos e violências instigados pelas autoridades religiosas, sua *errância* revela menos uma predisposição cultural ao nomadismo do que sublinha uma migração *forçada* ao longo dos séculos.

Um povo pária

A condição das comunidades judaicas é marcada por traços da *heterogeneidade* no espaço e da *descontinuidade* no tempo. Protegidas aqui (sob Carlos Magno, Luís, o Pio, ou na Espanha medieval), espoliadas lá (Inglaterra do século XIII), expulsas alhures (França, 1934), confinadas à residência forçada mais além (Rússia, 1822), porém convidadas a voltar mais tarde lá onde haviam sido expulsas e, de lá, banidas de onde, antes, haviam sido protegidas, as populações judaicas vivem em estado de instabilidade permanente e sob a ameaça de violências cíclicas (massacres em massa na Alemanha em 1096; Espanha, em 1391; Polônia, em 1648-1649). Situação agravada pelo fato de se encontrarem presas em tenazes entre sua *vitalidade* (elas prosperam ali onde um pequeno espaço de liberdade lhes é autorizado) e sua *precariedade* política e jurídica (elas são coletivamente a propriedade dos monarcas). Vitalidade aumentada pelo sentimento de precariedade de sua situação, precariedade agravada pelo ressentimento, pela inveja, que gera em uma dialética infernal sua vitalidade, a história dos judeus é, segundo a fórmula do sociólogo Max Weber, a de um *povo pária*. A ponto de na Europa do Sul, os próprios judeus acabarem por preferir mais ser relegados aos *guetos*, garantes de toda uma relativa estabilidade. A Revolução Francesa ao outorgar (1790-1791), pela primeira vez, a cidadania aos judeus, como *indivíduos*, sob pretexto de sua "regeneração", rebentará como trovão de liberdade e modificará sua condição secular. Seu defeito original foi o de manter o desconhecimento coletivo sobre suas riquezas culturais específicas enquanto povo.

A condição, durante cerca de dois milênios, dos judeus no Ocidente é a de um povo pária.

III. O Anti-semitismo Moderno

Os preconceitos antijudaicos impregnaram em profundidade a cultura ocidental. Na época moderna o antijudaísmo religioso toma a forma racista do anti-semitismo. Este anuncia-se potencialmente como ainda mais mortífero.

Do antijudaísmo ao anti-semitismo

A morte e a vida estão no poder da palavra.

PROVÉRBIOS, 18-21.

A democracia que emerge no decorrer do século XIX no continente europeu permanece de substrato cristão. A perda de influência política das autoridades eclesiásticas deixa intacta no coração dos combates os mais seculares a pregnância antijudaica do pagano-cristianismo. A recomposição normativa do discurso público, que passa do teológico ao político, não acarreta a decomposição da vindita antijudaica. A função de "bode expiatório" que pesou sobre os judeus é retomada. Ao lado da perpetuação do antijudaísmo clássico desenvolve-se um anti-semitismo político, social ou nacionalista, "progressista" ou "reacionário".

O anti-semitismo político

No correr do século XIX, principalmente na França e na Alemanha, centros consagrados da

Não se fazem acordos com a triquina e os bacilos. Não se educam a triquina e os bacilos, os exterminam tão rapidamente e tão radicalmente quanto possível.

PAUL DE LAGARDE, Juifs et Indo-germains, *1887.*

construção do pensamento moderno, assiste-se a um *remanejamento argumentativo* das figuras do ódio aos judeus. À "esquerda", desdenhando as multidões de judeus miseráveis, em Toussenel (1844), Leroux, Proudhon (na França), Marx (1843), Marr, Dürhing (na Alemanha), o "judeu" se torna o emblema encarnado do capitalista, explorador dos pobres. À "direita", varrendo o compromisso dos judeus emancipados com a construção das jovens nações européias, em Drumont (1886), Barrès, Maurras (na França), Von Treitschke (1879), De Lagarde (na Alemanha), o "judeu" se torna o arquétipo do cosmopolita, destruidor dos valores nacionais. Esses novos estereótipos vão se fundir, assim requer a modernidade, com as fantasmagorias científicas que servem de validação pseudocientífica aos discursos políticos antidemocráticos. São as teorias *racistas* de Gobineau (1857), Vacher de la Pouge (1890), Soury (1902) na França, de Houston Chamberlain (1899) na Alemanha. Elas legitimam a expansão colonialista desse período. Com elas, em relação aos judeus, ordena-se também um novo discurso do ódio, que se adorna de imagens emprestadas do meio camponês e de metáforas tomadas no léxico do higienismo pastoril. O morticínio em massa já tem aí seu horizonte implícito, desse modo, em De Lagarde. O anti-semitismo, a palavra aparece em 1879 na Alemanha, torna-se um programa político.

Uma mistificação incendiária

É da Rússia, onde as formas ancestrais da violência antijudaica se perpetuam – *pogroms* contra as populações judaicas pobres dos campos e das cidades, cujo ritmo aumenta depois de 1881, e acusações de morte ritual (Kichinev, 1903) – que chegará um *falso* provocador fabricado pela Okhrana, a polícia secreta do Czar: *Os Protocolos dos Sábios de Sion* (1905). Redigido sob a forma de um plano urdido de dominação mundial "judio-maçônica", para desconsiderar o nascente movimento revolucionário russo, ele entra tanto em ressonância com os fantasmas anti-semitas, cujas construções alucinadas utilizou quanto é, de bom grado, tomado como verdadeiro e torna-se assim uma espécie de "licença de assassinato".

O antijudaísmo não desaparece com a modernidade, ele se reposiciona. O anti-semitismo agrava mais ainda sua propensão mortífera.

IV. Um Falso Incendiário

A crença na "conspiração judaica" foi elaborada como uma quimera reativa às readaptações políticas que fizeram a modernidade. A falsidade política de *Os Protocolos dos Sábios de Sion* lhe serviram de derradeira escora.

Um delírio em construção

Vindos da Rússia, *Os Protocolos dos Sábios de Sion* foram, de fato, iniciados na França. Sua "descoberta", anunciada em 1903, supostamente revelava uma conspiração de judeus para a dominação do mundo. Eles fundiam os dois registros do anti-semitismo do século XIX, o da esquerda e o da direita. A revolução e o capitalismo eram tidos como os instrumentos pelos quais os judeus teriam planejado para estabelecer sua supremacia. O sucesso público dessa falsidade foi precedido, ao longo do século XIX, por uma série de publicações desenvolvendo temas similares, produzidos seja pelos meios católicos e rurais franceses anti-republicanos (o abade Barruel, des Mousseaux, Mgr. Meurin, o abade Chabauty, Édouard Drumond), seja pelos vigaristas dos países eslavos (Brafmann, Lutostansky, Osman-Bey).

Todas essas publicações, com acentos apocalípticos e ocultistas, apresentavam como substrato um ódio profundo da modernidade política atribuída aos judeus.

Uma maquinação prototípica

A minoria que viu chegar a catástrofe é como o coro da tragédia grega. Ela pode comentar o curso trágico dos acontecimentos sem ter o poder de desviá-lo.

ERICH FROMM, A Crise da Psicanálise.

Em agosto de 1921, o jornalista inglês Philip Graves descobriu o "segredo do negócio" e demonstrou a fraude dos *Protocolos*. Em 1865, fora publicado anonimamente em Bruxelas um panfleto antinapoleônico: *O Diálogo no Inferno entre Maquiavel e Montesquieu*, de um certo Maurice Joly. Um exemplar do *Diálogo* foi encontrado nos arquivos da Okhrana e os *Protocolos* se revelaram o mais incrível plágio desse panfleto. Foi preciso ainda esperar 1939 e a publicação de *A Apocalipse de Nosso Tempo,* de Henri Rollin, para que toda a luz fosse feita sobre essa mistificação. Posteriormente, verificou-se que essa falsificação foi realizada por volta de 1897, por iniciativa do chefe da Okhrana no exterior, o manipulador e provocador sem escrúpulos, residente na França: Pierre Ratchkovsky.

Tendo feito, por sua vez, dos *Protocolos* seu principal instrumento de propaganda fora da Alemanha, os nazistas imediatamente interditaram o livro de Rollin, a partir da ocupação alemã da França. Uma grande parte do imaginário de propaganda e da caricatura anti-semita de antes da guerra, e durante ela, deriva diretamente desse embuste, do qual o número de traduções através do mundo vem logo após o da Bíblia.

A realidade cruel falará por si mesma

Destruidor por função, sádico de coração puro, o anti-semita é, no mais profundo de seu ser, um criminoso. O que ele deseja, o que prepara é a morte do judeu.

JEAN-PAUL SARTRE, Reflexões sobre a Questão Judaica.

Contrariamente à opinião professada pelos nacionais-socialistas, segundo os quais os judeus formavam um grupo estreitamente organizado, eles não dispunham, por incrível que possa parecer, de nenhuma organização[...]. Isto desmente a lenda da conspiração mundial dos judeus e de sua organização superior para tal finalidade[...] Se eles estivessem minimamente organizados poderiam ser salvos aos milhões; mas foram inteiramente surpreendidos.

Assim testemunhou, depois da Segunda Guerra Mundial, o general da SS Bach-Zelewski, encarregado de desbaratar os grupos de guerrilheiros na Rússia.

Os Protocolos dos Sábios de Sion *constituem o protótipo de todas as formas modernas da desinformação política.*

O NAZISMO

I. Erupção de uma Política Criminosa

O nazismo não é um pensamento. Mas um programa orquestrado unicamente para a conquista do poder. O panfleto de Hitler, *Mein Kampf*, serve-lhe de Carta.

Uma miscelânea ideológica

A doutrina dos nazistas não merece ser tomada a sério. Ela é apenas uma miscelânea ideológica que joga com a sugestão e com o irracional. Sua "visão de mundo", mistura de *ocultismo*, de mitos *pagãos* (divindades célticas), de *milenarismo* político (um Reich de mil anos), de *cientificismo* não compõe uma doutrina de conseqüências criminosas, porém a vestimenta semântica e a narrativa de uma intenção criminosa *primeira*. A doutrina nazista reúne e justapõe um agregado de enunciados extraídos das produções do século XIX que dão suas marcas ideológicas a uma *conjuração* (cf. Golo Mann) e ao oportunismo niilista que a acompanha. O "mito ariano" e o anti-semitismo (amalgamando os fantasmas antijudaicos da Idade Média com seu remanejamento moderno) ocupam aí um lugar central.

O nacional-socialismo é uma conjuração que tem por finalidade estabelecer um poder, ampliar esse poder, destruir, dissociar, extirpar tudo que se coloca como entrave a esse poder e sua extensão.

GOLO MANN

O mito ariano

As Luzes, ao atacar a doutrina da Igreja, haviam com um mesmo movimento reposto em questão sua antropologia, que fazia todos os homens descenderem de um mesmo ancestral, Adão, e estabelecia simbolicamente a unidade do gênero humano. Fruto dos primeiros tateios das ciências humanas, uma nova genealogia tenta aparecer. Proposta por orientalistas e mitólogos germanistas, seguida por filósofos, ela filia as populações cristãs a outros ancestrais, a heróis não mais bíblicos, porém indianos, sob a denominação de indo-europeus (1816) ou indo-germânicos (1823). A nova teoria, que confunde a "natureza" dos homens com sua cultura, adquire na segunda metade do século XIX uma autoridade internacional, antes de ser colocada em dúvida a partir de 1890. Mas, teve tempo de passar para o discurso dos doutrinários racistas. O *mito ariano* tornou-se um argumento "científico" dos anti-semitas. Para os nazistas, cujo emblema, a *suástica* (cruz gamada, símbolo indiano), dela deriva, serve de justificativa para o remanejamento da concepção moderna de Estado. Sua proclamação do "Estado Racial" é uma espécie de prestidigitação semântica destinada a subjugar seu papel de instrumento da Justiça, para transformá-lo em máquina de terror e de rapina.

O anti-semitismo

"Se o judeu não existisse, seria preciso inventá-lo. Há necessidade de um inimigo visível e não apenas de um inimigo invisível", confiava Hitler a Hermann Rauschning. O anti-semitismo é ao mesmo tempo o coração teológico-político do nazismo e uma ferramenta estratégica de *dominação*, de *corrupção*, de *desestruturação* dos valores normativos do Ocidente cristianizado, que ele prende na armadilha de seu antijudaísmo secular. "Os povos que entregam seus judeus abandonam com eles seu modo de viver determinado pelo falso ideal judaizado de liberdade que tinham anteriormente", declara o chefe da SS Dr. Bost, em 27 de julho de 1942. Como observou Hannah Arendt, o anti-semitismo nazista nunca foi uma questão de nacionalismo extremo. Ele funcionou desde o começo como uma Internacional, escorando nas complacências e nas cumplicidades para além das fronteiras do Reich. Abria também a possibilidade de *instituir* o morticínio em massa como fonte privilegiada do exercício do poder.

A dinâmica subjacente à doutrina nazista não são as idéias delirantes, mas é o estabelecimento do crime no campo do político.

II. Uma "Cultura" da Corja

A cultura da violência, a cultura da morte
são os traços distintivos do nazismo.
São aqueles observados, aliás, na corja.

Inseticida Zyclon B, metáfora anti-semita do século XIX.

A heroificação da violência

Bertolt Brecht em sua peça *A Resistível Ascensão de Arturo Ui* comparava os nazistas aos gangsters. Os trabalhos dos sociólogos e dos antropólogos sobre a *máfia* tradicional podem confirmar a intuição do autor. A *heroificação da violência* como maneira de "estar no mundo" é o ponto mais flagrante de similitude entre a subcultura mafiosa e o nazismo (que lhe é posterior). As regras de astúcia, de ferocidades, de práticas de roubo e de embuste, a concepção real de "honra" baseada na aptidão para a violência homicida, a prática do duplo discurso, do logro, do imperativo de subordinação, da hierarquia fundamentada na predominância do mais forte, da livre disposição sádica sobre os fracos e os "sem-defesa", da fanfarronada, dos *mafiosos* têm seus homólogos nos Schwarze Korps e na Schutzsaffel (SS). "Nos castelos de minha ordem, crescerá uma juventude que aterrorizará o mundo. Eu quero uma juventude violenta, despótica, sem medo, cruel...” dirá Hitler. O emprego da violência homicida é indispensável ao “homem de honra”. A hierarquia no seio da “sociedade honrada” está baseada na agressividade, na ferocidade, na solidez dos nervos, na ausência total de escrúpulos, na selvageria, na capacidade de tomar decisões rapidamente. A heroificação do “Super-homem” nazista lhe é homóloga quase termo a termo. Ela está no centro das expressões de Hitler, Goebbels e de Himmler. É a da SS como guarda pretoriana na qualidade de corpos de elite e na função de núcleo da “nova ordem” do “Reich de mil anos”.

O nazismo: um apelo ao porco que dorme no homem.

KURT SCHUMACHER, *deputado social-democrata alemão, 1932.*

Sob o signo de um vínculo mortífero

Por detrás de seu “vitalismo” pseudodarwiniano (“a luta pela vida”, “o triunfo dos fortes sobre os fracos” etc.), o “estar no mundo” nazista, como para a corja, é animado de uma cultura da Morte. De sua heroificação da violência se enuncia, inelutavelmente, a *poliarquia* do regime em que os clãs, os setores do poder, estarão em rivalidade feroz com todos os outros, tanto adversários quanto comparsas. Daí que a total subordinação ao chefe, o Fuhrer Prinzip, é sua única garantia circunstancial. Estes serão ainda os subprodutos desse desrecalque heroificado da agressividade, tais como a *selvageria* muito particular da retórica nacional-socialista (termos pejorativos, difamações, ameaças, invectivas, insultos, calúnias), a *coisificação* como desumanização do vínculo com o outro, e a *ironia* cruel como postura jubilatória, características do nazismo. A eliminação dos deficientes mentais, os “deportados” designados sob os vocábulos de *stuck* (peças), *figuren* (bonecas), *schmates* (trapos), a redução dos deportados a objetos destrutíveis, os “haras humanos” do *Lebensborn* em que se preparava a fabricação de uma “raça pura”, as experiências sádicas dos médicos da SS, serão outras tantas manifestações dessa coisificação. A inscrição "Arbeit macht frei" (o trabalho liberta) no frontão do campo de Auschwitz, a orquestra que acompanhava a chegada dos deportados, o corredor para as câmaras de gás, batizado de "caminho do céu", estas denominadas de "sala de ducha", a gaseificação definida como "tratamento especial", soarão também como um escárnio.

Como na máfia tradicional, a heroificação da violência está no coração do "estar no mundo" nazista.

III. Uma "Téchné" de Gangsters

O nazismo despreza a dignidade humana
e transforma o mundo em caos.
O gangsterismo é o cerne de sua prática.
Somente ele podia tornar realizável
a Schoá.

Um "método" inédito e esmerilhado

Sobre a técnica nazista de poder, seus métodos políticos são esclarecedores. A intimidação, a corrupção, a chantagem, a burla, a extorsão, o comprometimento, a falsificação, o assassinato, são seus padrões *combinados*. Constituíram o *modus operandi* com o qual os nazistas asseguraram seu domínio, estupeficaram as massas, derrotaram seus adversários, sideraram suas vítimas. O *gangsterismo* dos nazistas, muitas vezes evocado pelas testemunhas, não é uma metáfora polêmica, grandiloqüente e excessiva, mas sua marca sociológica e polemológica. É ele que se encontra no centro da realização *efetiva* da Schoá.

A Gestapo de Frankfurt propôs às anciãs crédulas dessa cidade, antes da deportação delas para Theresienstadt, a escolha entre um apartamento ensolarado e um outro localizado ao norte, constrangendo-as a pagar antecipadamente o aluguel dos alojamentos fantasmas.

CLAUDE LANZMANN, Un vivant qui passe.

Corrupções

A corrupção abertamente encorajada, ligada à "arianização" dos bens dos judeus, às es-

Quando penso nos rostos dos soldados em uniforme verde[...]. Nunca nada me espantou tanto como esses rostos. Perguntei-me sobre esta frase que é o fio condutor de minha vida: E Deus criou o homem à sua imagem.

ETTY HILLESUM, Cartas de Westerbork.

poliações, convertia em beneficiários *comprometidos* (desde o chefe do atentado, ou o financiador, até a soldadesca e o conjunto dos corpos intermediários, funcionários, arrecadadores, que recebiam uma parte do butim redistribuído) um aglomerado social de cúmplices. "A corrupção sem limite dos funcionários do regime, particularmente em relação à expropriação dos judeus", observa o historiador alemão Hans Mommsen, "contribuiu para rarefazer a crítica da deportação e do extermínio". Os SS, os guardas dos campos, os membros da Gestapo, eram recrutados nos meios dos delinqüentes, dos desclassificados sociais e dos profissionais malogrados, como o sublinham Eugène Kogan, ou Hermann Rauschning. Numa mistura de burocratismo, de venalidade, de crueldade, os campos de concentração (trabalhos forçados, despojos dos exterminados) eram a *base* do autofinanciamento da SS.

Embustes

"Para uma mentira ser aceita, ela deve ser muito grande" resumia Goebbels à guisa de eixo diretor da prática nacional-socialista. Para a Schoá: criação de um gueto, Theresienstadt, aparência enganosa apresentada às organizações de auxílio, eufemização dos atos ("reinstalação à Leste", "mobilização da mão de obra" para deportação), convocações pelo correio, redações forçadas de cartões postais e envios escalonados destes, meses depois da morte das vítimas, painéis indicadores nos campos, "para o banco", "para o café", "para o correio", plantados ao longo de um percurso que conduzia apenas às câmaras de gás: um arsenal de embustes e de mistificações, como dispositivos de sideração das consciências e da neutralização das revoltas acompanhará o conjunto do processo de extermínio do início ao fim. Relatório de um Einsatzgruppen (datado de 3 de novembro de 1941): "Trinta mil judeus reuniram-se (após uma convocação) e graças a uma organização extremamente bem-concebida, eles não cessaram de crer em sua próxima reinstalação até o momento da execução deles".

Os nazistas aplicaram as técnicas do "crime organizado". A corrupção, a extorsão e o embuste são suas características mais importantes.

IV. Semânticas Agromédicas

O imaginário da linguagem política nazista, suas representações latentes, não são anódinas. A cultura camponesa e o patos médico nela se fundem.

Um esquema cultural camponês

O historiador Eric Hobsbawm observou em seu estudo sobre os "bandidos sociais" que este fenômeno social se produziu em um momento bastante preciso. O do choque entre a cultura camponesa tradicional e a forma burguesa de produção. Os sociólogos fazem uma observação comparável relativa a emergência das "máfias". O historiador David Shoenbaum interpreta "o programa nazista e a ideologia nacional-socialista como produção (nos modos passivo e ativo) do camponês 'burguês'". A mixórdia ideológica nazista, suas procissões medievais, o mito "Sangue e Sol" do ideólogo Darré, portam em si os traços de um *habitus* camponês. Sua gramática geradora de condutas submergiu e se apropriou das instituições e dos modos de produção industrial da modernidade alemã. Himmler, chefe supremo da SS, foi de início engenheiro agrícola, que administrava uma empresa de criação de frangos, e líder de um movimento da juventude camponesa.

Um patos médico

Seu jaleco branco era sua batina.

BENNO MÜLLER-HILL

O filósofo Ernst Bloch notou: "da mesma maneira que o nazista remonta aos *camponeses* para encontrar o estado mais orgânico, ele recorre aos *médicos organicistas,* aos *médicos racistas*, e aos *higienistas* para constituir sua *sociologia*". Convém ter em mente que a corporação dos médicos era a mais representada no seio das instâncias do partido nazista. 45% do corpo médico filiou-se ao partido (contra 22% do professorado). 7,3% dos médicos foram membros da SS enquanto que os SS constituíam apenas 1% da população alemã. Convém ainda observar que o nazismo, se julgou-se no dever de fundar uma hipotética "física ariana", uma "matemática ariana", uma "psicologia ariana", não achou necessário fazer o mesmo com a biologia médica. Seria isso uma indicação de que esta era "por natureza" compatível com o nazismo? "O médico deve voltar ao ponto do qual partiram os médicos de outrora; deve tornar-se um sacerdote, deve tornar-se um sacerdote-médico", exigia o Dr. Wagner, *führer* dos médicos alemães em 1937. Enquanto Himmler declarava categoricamente ter necessidade de "práticos dotados de um olhar de criadores" [de gado]. Os "poderes médicos", segundo a expressão de Ernst Bloch, constituíram para o nazismo, com seu patos de hereditariedade e seleção, com seu vocabulário coisificante, um poderoso instrumento.

A "inversão" de todos os valores

Toda política que não tem uma base biológica ou objetivos biológicos é uma política cega.

A. HITLER, in Hitler me Contou.

A coalescência do cientificismo biológico nazista com as ações de abate, de criação e seleção, familiar nas práticas camponesas é uma perspectiva que ainda resta a compreender. Ela vai servir a uma espécie de inversão do processo de civilização que a *Akedá* havia inscrito na história humana. Inversão pela qual é no tratamento sofrido pelo animal, seleção da criação e abate em série, que se encetará o modelo do tratamento industrial do homem. Uma quimera serve de esqueleto ao nazismo, a do gangsterismo da ação, de uma gesta camponesa e da biologia médica.

O jargão da "racionalidade" nazista deve muito aos esquemas mentais camponeses e ao léxico da biologia médica.

O CRIME EM ATOS

4. Uma Etapa Primordial: O Isolamento

Separar os judeus do resto das populações é uma preliminar ao mecanismo de destruição. É também um meio de realizar a criminalização do Estado.

Definir quem é judeu

Desde sua chegada ao poder em 30 de janeiro de 1933, os nazistas iniciam um processo contínuo de *isolamento* dos judeus, ao mesmo tempo que realizam a simbiose característica do *Estado Criminoso*. Uma mistura de burocracia minuciosa e zelosa, de terror obtido por uma dosagem constante de ameaças abertas e secretas e de gangsterismo sem fé nem lei. A definição do "judeu", como instrumento jurídico, constitui um exemplo probatório disso. Enquanto que os "cientistas" racialistas nazistas se extenuam para definir critérios biológicos e antropométricos impossíveis, é um critério "religioso" *hereditário* que é retido. É "presumido judeu" ou "assimilado judeu" qualquer um que tenha mais de dois avós de confissão hebraica. Surgem então as categorias de racionalização burocrática extravagantes: os "quartos de judeu", os "meio-judeus" ou *Mischlinge*, os "três-quartos de judeu", com estatutos jurídicos diferentes. Mas quem dá a palavra *final* é Himmler:

Quando sei que oferecer um cigarro a um judeu ou a um prisioneiro de guerra soviético pode acarretar a pena de morte, então sei tudo sobre o período nazista.

HENRICH BÖLL

Eu solicito reiteradamente que nenhuma disposição sobre o conceito de "judeu" seja publicada em édito. Com todas essas definições imbecis nada mais fazemos do que nos prender as mãos. Os territórios do Leste ficarão limpos dos judeus (carta ao chefe da secretaria principal da SS, 28 de julho de 1942).

Isolamento e expropriações

O processo constantemente agravado do isolamento dos judeus apoiou-se em sucessivas medidas de exclusão social e em uma cumulação de expropriações concomitantes. *Marcação* dos apartamentos, dos negócios e dos indivíduos, com a estrela amarela e expropriação dos judeus de seu emprego. Primeiro da função pública (lei de 7 de abril de 1933), do exército, dos ofícios ligados à cultura e à imprensa, depois das profissões liberais, das empresas privadas ("arianização" do pessoal), depois da propriedade das empresas comerciais e industriais. Promulgação, em seguida, das leis destinadas a romper os laços que ligam os judeus ao conjunto dos humanos (leis de Nurembergue, 15 de setembro de 1935), elas proíbem os casamentos mistos, as relações sexuais entre judeus e não-judeus, genericamente ditos "Arianos". As crianças devem deixar de freqüentar as escolas, os adultos ficam excluídos da proteção das leis sociais e do subsídio de desemprego. Em seguida a administração nazista (decreto de 3 de dezembro de 1938) espolia os bens imobiliários e mobiliários: jóias, divisas, obras de arte. Algumas dessas medidas serão imitadas em outros países (Itália, Hungria, Eslováquia...) antes da guerra. Elas servirão de modelos nos países vencidos, a partir do início da guerra ("estatuto dos judeus" de Vichy).

A última etapa

Em 1 de setembro de 1939, a Segunda Guerra Mundial começa. Em 19 de setembro de 1939, Heydrich ordena a expulsão dos judeus das regiões rurais da Polônia para amontoá-los nos bairros separados das cidades. A constituição dos guetos havia sido discutida quando de uma reunião no Ministério da Aviação, em 12 de novembro de 1938. A última etapa do processo de isolamento é alcançada. Os guetos do Leste, as proibições de deslocamentos, de permissões de conduzir, de possuir rádio, telefone, de poder se cuidar etc., no Ocidente, acabam de cortar os judeus do resto das populações. À medida que o Reich se expande, a eclosão da Schoá se acelera.

A promulgação dos decretos anti-semitas tiram dos judeus a proteção do Estado devida a seus cidadãos. Ela abre o caminho para destrui-los.

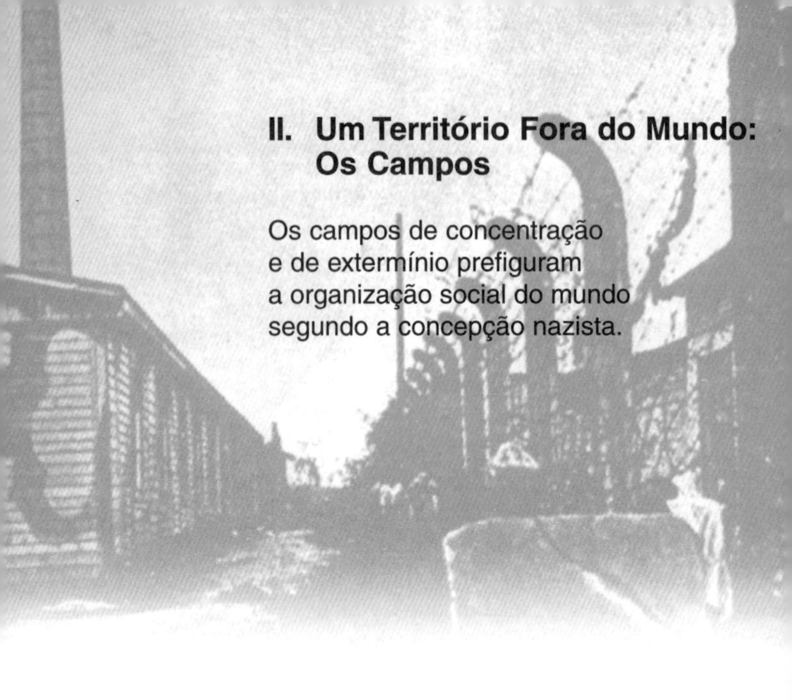

II. Um Território Fora do Mundo: Os Campos

Os campos de concentração e de extermínio prefiguram a organização social do mundo segundo a concepção nazista.

Uma distinção a ser restaurada

Em janeiro de 1945, os soldados do Exército Vermelho entram no complexo concentracionário de Auschwitz. Em abril de 1945, os soldados ingleses e americanos descobrem *in situ* a realidade dos campos de concentração, em Buchenwald e em Bergen-Belsen, que merecerá do general Eisenhower uma declaração emblemática. As populações ocidentais os descobrirão, *de visu*, pelas reportagens cinematográficas e da imprensa. As imagens de pilhas de cadáveres e dos raros sobreviventes descarnados de Bergen-Belse farão deste o símbolo dos "campos da morte". Sob este termo genérico se encontrou assim amalgamado o conjunto dos sítios do universo concentracionário: Dachau com Auschwitz II – Birkenau, Mathausen com Sobibor etc., campos de *concentração* e campos de *extermínio*.

Dizem-nos que o soldado americano não sabe porque combate. Agora, ao menos, ele saberá contra o que ele luta.

GENERAL EISENHOWER

s campos de concentração

Os primeiros campos de concentração, Orien-
urg, Dachau, foram criados em fevereiro e março
e 1933. Instrumentos de terror político, prolife-
am sobre o território do Reich, pela iniciativa de
acções concorrentes no seio do partido nacional-so-
ialista, contra seus opositores: principalmente so-
iais-democratas e comunistas. Após a liquidação,
elos SS, da facção SA (Noite dos longos punhais),
s campos da SA passam para a direção dos SS.
eu chefe, Himmler, assume a direção de todo o
parelho de terror nazista. O decreto Nachtund
lebel (7 de dezembro de 1941) organiza a cola-
oração entre o exército, a Whermacht e os SS. Os
esistentes de todos os países dominados serão envia-
os aos campos. A partir de 1942, o conjunto do
istema concentracionário conta com vinte e dois
ampos principais e uma centena de campos ane-
os, além de pequenos campos provisórios, e se
ransforma. Ele fornece à indústria alemã, princi-
almente de guerra, contra compensações pagas à
S, centenas de milhares de escravos utilizáveis
té que a "morte lhes suceda".

Os homens normais não sabem que tudo é possível.

DAVID ROUSSET

s campos de extermínio

A exploração até a morte não é a função dos
ampos de extermínio, mas o aniquilamento ime-
iato. A não ser um pequeno número, engrena-
ens escravas da máquina de extermínio, os
onderkommandos, por exemplo, e os que são de-
olvidos aos campos de concentração por terem
ido julgados "exploráveis" quando da *seleção*,
nos campos "mistos" como Auschwitz ou Maï-
anek), os que aí chegam não conhecem a "sobre-
ida" do campo. São imediatamente executados,
aseificados, queimados vivos. A origem dos cam-
os de extermínio não é Dachau, porém o castelo

de Hartheim onde foi aplicado o programa de eliminação pela eutanásia dos deficientes, por ordem
de Hitler (outubro de 1939). Situados principalmente na Polônia por razões de economia de meios
(lá reside uma grande parcela da população judaica
da Europa) e por razões táticas (o antijudaísmo
virulento dos poloneses diminui os riscos de rea-
ções negativas das populações), os campos de extermínio revezam os assassinatos em massa no
"terreno" (Babi-Yar, setembro de 1941) efetuados
pelos Eisatzgruppen (unidades móveis de matança)
iniciadas desde a invasão dos territórios soviéticos, na
floresta de Rumbuli perto de Riga.

Ao lado, prisioneiros trabalham em campo de concentração.

Abaixo, os fornos crematórios.

Campos de concentração e campos de extermínio, territórios da morte SS, diferem, no entanto, por suas funções.

II. Um Instrumento Emblemático: As Câmaras de Gás

Matar pelo gás é uma novidade
da era industrial e do morticínio
em massa. A engenhosidade
criminosa nazista o identifica
como seu instrumento privilegiado.

Uma nova arma de destruição: o gás

Com a introdução, desde a primeira guerra mundial, do gás de cloro como arma de morte pelos exércitos alemães, foi franqueado um limiar, cuja natureza, Elias Canetti, futuro Prêmio Nobel, havia de pronto apreendido e estava encetada, em Ypres, a prática da gaseificação, retomada como técnica *lógica* da aniquilação nazista.

Foi a princípio nos deficientes mentais, doentes congênitos e entrevados alemães que a gaseificação passou a ser utilizada, desde o outono de 1939. No quadro de um programa, "operação T4", destinado a eliminar os "fardos viventes". Ele serviu de *protótipo* para o extermínio dos judeus. E fez cerca de cem mil vítimas.

Alors vous montez en fumée dans les airs./ Alors vous avez une tombe au creux des nuages./ On n'y est pas couché à l'étroit.

[Então você ascende como fumaça nos ares. / Então você tem sua sepultura na cova das nuvens. / Você não se deita acanhadamente. (N.T.)]

PAUL CELAN, "Fugue de la mort".

Rumo à industrialização do morticínio em massa

A seguir, em dezembro de 1941, foram oti mizados os caminhões de gás. O óxido de carbo no liberado pelos canos de escapamento er reenviado ao interior dos veículos nos quais eran trancados os judeus aprisionados (bosque d Ruszow, Chelmo etc.). Cerca de quatrocentas mi pessoas foram assim assassinadas. Em março d 1942, com a "Aktion Reinhardt" (nome de códig da operação decidida na conferência de Wanse em janeiro de 1942), inverte-se a *logística* d morticínio em massa. Sob a direção dos generai da SS e dos antigos responsáveis pela "Aktio T4", não são mais os caminhões de gás que sã enviados aos locais dos aprisionamentos em mas sa, mas as populações judaicas que são transporta das para os centros de morticínio. Três foran montados no primeiro semestre de 1942: Belzec, So bibor, Treblinka, que vieram se juntar a Maïdanek campo no qual os extermínios por gás começam en março de 1942. Em Belzec, três câmaras de gás, de pois seis delas vão funcionar; seiscentas mil pessoa aí serão mortas ao ritmo de cinco mil por dia. En Sobibor, cerca de duzentos e cinqüenta mil judeu serão assassinados em cinco câmaras de gás. En Treblinka, em quase dezesseis meses, são novecen tas e setenta mil pessoas que desaparecerão. Em Maï danek, duzentas mil.

O campo de Auschwitz tornar-se-á com su extensão a Birkenau, a partir de 1943, o principa centro de destruição dos judeus da Europa ociden tal e meridional, em razão, entre outras, de su conexão à rede ferroviária européia. O gás utili zado não é mais o monóxido de carbono mas Zyklon B, um inseticida de ação rápida. As pri meiras gaseificações pelo Zyklon B haviam sid experimentadas com prisioneiros de guerra sovié ticos em dezembro de 1941. Resolvidos os proble mas administrativos de aprovisionamento e de estocagem do gás, e instaladas as quatro "unidades combinadas" (sendo cada unidade composta de uma câmara de gás, sala de despir e fornos crematórios), a *industrialização* do morticínio em massa torna-se efetiva. Desde então, de fevereiro de 1942 a novembro de 1944, são mais de um milhão de pessoas que foram assim gaseificadas depois queimadas e reduzidas a cinzas.

o ar é a última esmola[...] E se alguém morrer de fome, terá pelo menos, o que é por certo pouco, respirado até o fim.
ELIAS CANETTI

A câmara de gás, objeto "cultural" do nazismo

Longe de ser um "detalhe", as câmaras de gás são o *objeto* culminante da *modernidade* criminosa da cultura do gangsterismo nazista. Elas sintetizam e reúnem os seus principais traços. Reencontra-se aí a ironia (um inseticida para exterminar "parasitas"), o embuste e a violência (o desnudamento para a "ducha"), o desvio do regulamento administrativo para o assassinato, a racionalidade e a engenhosidade técnica a serviço do morticínio em massa, a arrogância da onipotência destrutiva (sem mesmo a "derradeira esmola").

Objeto de uma racionalização experimental do morticínio em massa, as câmaras de gás são o fruto da modernidade criminosa nazista.

IV. Uma Metáfora que Cessa de Sê-lo: O Inferno

Territórios instituídos e paroxísticos da absoluta desumanização, assim se apresentam os campos.

Para além do debate de escolas

Um debate de escola agita os historiadores Ele opõe os "funcionalistas" aos "intencionalis tas". Trata-se de saber se os nazistas tinham a in tenção "por princípio" de exterminar os judeus o se o objetivo do extermínio apareceu "no corre do caminho", como uma direção única nascida da condições da guerra. A interrogação provém d que parece uma racionalização técnica *progressi va* dos métodos e meios postos em ação para realização da *Endlösung* ("solução final"). Po certo, a lógica criminosa do gangsterismo psico cultural nazista continha por *estrutura* o extermí nio. Os tateamentos observáveis não o desmentem acompanham-no. São apenas a manifestação d traço de fruição que anima o nazismo: a heroifi cação da violência. Com isso, é sempre a decisã a mais violenta, a pior das "invenções", que su plantará cada vez as outras. O caos mortífero mórbido dos campos ainda é seu testemunho.

A derrilição

No *lager* (campo de concentração), a palavra
ue soa repetidamente não é "Achtung!" (aten-
ão!) da patrulha alemã, mas o "schnell !" (mais
epressa!) dos SS e seus auxiliares, os Kapos. Des-
e a chegada, em um universo demente, em que a
úsica envolve os crimes os mais abomináveis,
s deportados serão atormentados, pressionados,
té o esgotamento final de suas forças. A fome, a
usência de pontos de referência estáveis, o traba-
ho forçado, a violência paroxísmica, participam
e suas destruições. A esperança média de vida
ão ultrapassava, no campo, de alguns meses.
quilo não importava aos SS, os *Haftlinge* (deti-
os) eram substituídos sistematicamente. Evitar a
orte por golpes, adiar dia após dia, hora após hora,
momento da prostração completa, que significa-
a a eliminação imediata, era a única preocupação
os deportados. É sobre este cenário de derrilição
ue os nazistas puderam, ainda pela corrupção, or-
anizar uma hierarquia de privilégios revogáveis
o seio dos detidos, relé do terror SS

O inferno não é mais uma crença religiosa nem um delírio da imaginação, porém, algo tão real quanto as casas, as pedras e as árvores que nos rodeiam.
HANNAH ARENDT

A coisificação

A coisificação inicia e acompanha o exter-
ínio. Ela é o prisma pelo qual um sistema de
ins definitivos se substitui aos antigos acessos
ssassinos antijudaicos do Ocidente. O *amontoa-
ento* é o primeiro de seus sinais. Amontoamen-
o de judeus nos guetos, amontoamento de cem ou
uzentas pessoas em cada um dos dez a trinta va-
ões de carga de um comboio, amontoamento nas
âmaras de gás, amontoamento dos cadáveres an-
es de sua cremação. Ela é feita assim para que a
ordura humana possa ser reciclada em combus-
ível a fim de alimentar os braseiros de Birkenau.
ntrega às *vivissecções* do Dr. Mengele as cobaias

humanas para suas "experiências" médicas e a
Dr. Rascher as peles humanas para delas confec
cionar selas e bolsas de mulheres. Ela une os as
sassinos no odor da carne queimada dos braseiro
e dos cadáveres em decomposição dos ossários, n
insensibilidade psicótica, também observada pe
los criminologistas nos *serial killers*, e nos desen
cadeamentos furiosos de uma lubricidade sádica
"Depois de Auschwitz, a morte significa ter med
de qualquer coisa pior que a morte", concluiu
filósofo Theodor Adorno.

O inferno dos campos não é a conseqüência, mas a prova da intenção criminosa nazista.

V. Uma Montagem Inexpiável: A Estrela

O extermínio é tanto um crime coletivo por natureza como por necessidade.

Múltiplas colaborações

A *Blitzkreig* do extermínio, centralizada pelo R.S.H.A. (Agência Central da Segurança do Reich), não poderia ter sido empreendida apenas com as forças da SS e da Gestapo. Ela acarreta pois, na mesma medida a edificação de uma administração paralela para a gestão dos problemas de identificação, de captura, de reagrupamento das populações judaicas, de seu transporte em comboios e de sua destruição. Sem a *implicação* das administrações e dos diferentes organismos militares e policiais alemães, sem a *colaboração* da administração e dos serviços de polícia dos países ocupados, sem o *interesse* dos diferentes setores econômicos nacionais e internacionais, ela não poderia ter sido levada à frente.

Um crime também de "gabinete"

A Schoá foi uma atividade *integrada* nas diferentes atividades dos organismos de estado alemães em todos os escalões. No Leste, a Wehrmacht entregava aos Einsatzgruppen os judeus e participava das execuções coletivas. As unidades da Feldgendarmertie, da Orpo, a polícia regular do Reich (por exemplo: o 101° batalhão), tomavam parte nas chacinas. A administração cuidava com toda a minúcia das estradas de ferro, administrava a circulação dos trens de deportados sob a rubrica "trens especiais". A Reischsbahn transportou, dessa maneira, três milhões de judeus, desde os centros de reagrupamento (como Drancy, na França, Malines, na Bélgica, Westerbork na Holanda etc.) aplicando, para seus faturamentos, a tarifa de grupo para mais de quatrocentas pessoas... O Reichbank e os serviços do Ministério da Economia encarregavam-se dos bens que os exterminados deixavam diante das câmaras de gás.

A colaboração

As SS recrutaram voluntários letãos, ucranianos e lituanos nos corpos de polícia auxiliar, os Hilfswiillige. Acolheram soldados estrangeiros voluntários (divisões Charlemagne, Flandre, Nordland, brigada Wallonia). Mas foi a colaboração dos governos e das administrações deixadas no local que lhes foram as mais úteis. Foi a polícia francesa que recenseou os judeus, efetuou a prisão em massa do "Vel d'Hiv" em Paris (16-17 de julho de 1942), entregou aos nazistas, para serem deportados para Dachau, os resistentes gaullistas e comunistas, da prisão de Eysses, na zona sul. Foi Laval que sugeriu aos nazistas de entregar-lhes imediatamente "as crianças também". Uma carac-

A destruição dos judeus representava um processo total, comparável, em sua diversidade, a uma guerra moderna ...

RAUL HILBERG

terística da concepção de Vichy da preservação da soberania: o zelo servil.

O interesse

"Arbeit macht frei", a célebre máxima da entrada de Auschwitz I, podia ser lida há anos no frontão das usinas da I.G. Farben. Muitas outras empresas tiraram proveito do sistema concentracionário e de sua provisão de escravos: Krupp, BMW, Wolkswagen, Siemens, Daimler-Benz, entre outras. Os Ets Saurer aperfeiçoaram os caminhões de gás, a firma Topf forneceu as câmaras de gás e os crematórios, Degesch produzia o Zyklon B. A Bayer contava com as "experiências" médicas. As fábricas alemãs do americano Ford e da General Motors forneceram à Whermacht veículos blindados e de transporte de tropa, e foi nos bancos suíços que o Reichbank depositou os lingotes obtidos pela fundição dos dentes de ouro dos cadáveres. Uma *quimera* tramou o tecido do extermínio: o híbrido do dever do burocrata, da avidez mercantil e da violência do vagabundo.

Sem a participação de parcelas inteiras da sociedade civil européia, o extermínio teria sido inadministrável.

QUESTÕES:

DIANTE DO CRIME

I. Cegueiras

Os "mestres enganadores" nazistas não dissimulavam apenas uma coisa: seus objetivos. As cegueiras cruzadas, por diferentes motivos, deixaram passar a ocasião de os deter a tempo.

Uma probabilidade subestimada

Permanecemos, ainda hoje, diante da Schoá, como no limiar de um mundo obscuro preenchido ao mesmo tempo de gritos de pavor e de silêncios terríveis. Será que, como o constatou Robert Antelme de volta da deportação, ela continua *inimaginável* para o entendimento depois do delito cometido e não o era, *a fortiore*, em suas fases iniciais? De fato, se as condições do morticínio em massa e de sua industrialização não eram imagináveis, a eventualidade de um crime maior era algo que não podia quase causar dúvidas. O encadeamento das *cegueiras iniciais*, diante da fulgurância da irrupção nazista, também facilitou o lançamento da máquina infernal.

A cegueira dos democratas

Ela se deve tanto à cultura democrática quanto à prática comum do parlamentarismo democrá-

Quando os judeus, com a estrela amarela costurada no casaco, foram expulsos dos abrigos antiaéreos e obrigados a se esconder fora, nas ruas em chamas, só um cego atacado de idiotismo teria podido ignorar.

GEORGE STEINER, Linguagem e Silêncio.

tico. A mentalidade democrática, presa à idéia de que o progresso técnico era o companheiro do progresso moral, não concedia nenhum crédito à probabilidade de uma vitória eleitoral dos nazistas. Ao passo que a deriva para o clientelismo político dos partidos democráticos lhe sugeria não levar a sério as intenções declaradas de seus adversários. Uma certa *soberba* democrática simplesmente não acreditava que, de forma sucessiva, Hitler tomaria o poder, em seguida, que o manteria, enfim, que realizaria seu programa.

A cegueira das instituições cristãs

Desde a Revolução Francesa de 1789, as instituições cristãs e particularmente a Igreja Católica viram-se em sua maioria tomadas de um espírito político *revanchista*. Essa última sentira-se desapossada do poder normativo e de diretor das consciências que tinha sob o Antigo Regime. A revolução bolchevique de 1917, na Rússia, e suas perseguições contra os crentes nada mais fizera senão aumentar seus receios espirituais e seu ressentimento político. Por conseguinte, as leis nazistas de Nurembergue, depois as leis de Vichy (outubro de 1940, junho de 1941) contra os judeus, que recobravam a integralidade das diretrizes do Concílio de Latrão (1215) e das leis de Ayllon (1412) só podiam, para o papado, constituir uma "surpresa divina". Aquela do retorno aparente a uma antiga ordem teológico-política, duplicada por uma desforra sobre a República, expressa sobre o dorso dos judeus. Não se compreenderia o *silêncio* de Pio XII, durante a Schoá, fora desse contexto.

A cegueira das populações judaicas

As promulgações dos decretos anti-semitas esclareciam os judeus sobre as intenções hostis dos nazistas. Mas sua memória coletiva retinha as lembranças dos *pogroms*, os relatos das exações dos cossacos ou dos cruzados: gritos de ódio, estilhaços de vidro, crepitação das chamas. Memória paralisante, sem dúvida. Ao mesmo tempo ela impedia a identificação daquilo que se tramava. A "Noite de Cristal" (10 de novembro de 1938), sua centena de mortos, suas centenas de sinagogas destruídas, suas 7500 lojas pilhadas, funcionou, desse ponto de vista, como um *engodo*: de um limite esperado das violências previsíveis...

A apreensão correta daquilo que se preparava foi limitada pelas inércias culturais.

II. Abandonados I: A Questão dos Refugiados

Nenhum álibi pode isentar os governos democráticos de sua política de indiferença.

Uma constante

Uma capitulação é essencialmente uma operação pela qual a gente se põe a explicar em vez de agir. E os covardes são as pessoas que regurgitam explicações.

CHARLES PÉGUY

23 de novembro de 1938, carta de Franklin Roosevelt: "Não creio desejável nem possível recomendar que sejam modificados os contingentes de nossas leis de emigração". Primavera de 1939, o St.Louis, navio que transporta centenas de passageiros judeus fugindo da Alemanha, erra durante várias semanas pelo Atlântico à procura de um porto de acolhida sem o encontrar. Dezembro de 1940, o Salvador, um navio carregado de refugiados judeus rumo à Palestina, soçobra no mar de Marmara. O chefe do Bureau dos Refugiados no Foreign Office nota: "Não se poderia imaginar um desastre mais oportuno para pôr fim a este tráfico". Junho de 1944, as negociações para salvar os judeus da Hungria de sua deportação iminente são iniciadas. Lord Moyne, governador britânico no Egito, declara: "O que iremos fazer com um milhão de judeus?". Elas são interrompidas. Etc.,etc.

Uma pasta de abdicações

Desde as premissas da guerra ainda por vir até o seu final os governos democráticos, as organizações humanitárias internacionais como a Cruz Vermelha, os líderes espirituais do cristianismo, como o Papa Pio XII, amoitaram-se diante da perseguição e depois do extermínio dos judeus em um "estranho paradoxo". O mesmo estranho paradoxo já descrito por Winston Churchill, quando do ascenso em poderio da Alemanha nazista.

A nota *lá* fora dada quando da Conferência Internacional de Evian de julho de 1938. Ela concluíra pela manutenção das "quotas" e das legislações restritivas sobre a acolhida dos refugiados. O que permitira à imprensa nazista ironizar: "Cedem-se judeus a baixo preço. Quem os quer? Ninguém". Seis meses mais tarde, em dezembro de 1938, o ministro de negócios exteriores do Reich, Von Ribbentrop, foi recebido para um jantar na França, no Quai d'Orsay. Ele fez saber que não queria a presença dos ministros judeus do governo francês, Georges Mandel e Jean Zay. O Quai d'Orsay se conformou. Somente Edouard Herriot recusou, por solidariedade, a comparecer ao jantar. De seu lado, o governo da confederação suíça exigiu que os nazistas colocassem um carimbo "Judeu" nos passaportes alemães para estancar a entrada em seu território do afluxo de judeus perseguidos.

Decididos unicamente a ser indecisos, resolvidos a ser irresolutos, rigorosamente favoráveis a estar à deriva, adeptos inflexíveis da fluidez, onipotentes em favor da impotência.

WINSTON CHURCHILL

Numerosos álibis

Mais tarde, quando o extermínio se tornou conhecido pelos Aliados, as justificativas para a *inação* foram abundantes. Foram invocados a falta de navios, o risco de infiltração de agentes nazistas, a preocupação de não discriminar entre os refugiados, a necessidade de não trazer prejuízo ao esforço de guerra. Esses pretextos, por vezes aceitáveis, mas superáveis, eram em geral puros álibis: centenas de milhares de refugiados não-judeus foram evacuados por mar e receberam ofertas de asilos no Oriente Médio e na África, mal mascaravam a ausência de uma vontade real de salvar os judeus. A pregnância dos preconceitos anti-semitas nas opiniões públicas e nas elites, a lentidão incapacitante das burocracias prisioneiras de hábitos de pensamento tradicionais explicam talvez essa paralisia dos dirigentes. Elas não a justificam.

A inação das democracias diante das perseguições nazistas, depois o extermínio dos judeus, sugerem uma forma implícita de consentimento.

III. Abandonados II: A Questão dos Bombardeios

A desorganização das deportações, pelo menos como mensagem de solidariedade, nunca aconteceu.

Uma esperança dolorosa

Etty Hillesum, judia holandesa, em suas *Cartas de Westerbork*, campo de reagrupamento e de trânsito pelo qual, de julho de 1942 a setembro de 1944, cerca de cem mil judeus neerlandeses passaram antes de serem deportados para Auschwitz e Sobibor, Theresienstadt ou Bergen-Belsen, relata: "Daqui, muitos assistiram ao bombardeio de uma cidade vizinha. Talvez Emden. E por que uma via férrea não teria sido tocada, impedindo o trem de partir? Isso nunca aconteceu até agora, mas a cada comboio, a gente recomeça a esperar, com um otimismo inextirpável". Essa foi uma das esperanças mais dolorosas e a mais decepcionante que sentiram os deportados por *jamais* as esquadrilhas da aviação aliada, que penetravam em profundidade nos territórios do Reich a fim de bombardear o potencial industrial, os nós de comunicação, as bases militares e as cidades nazistas, terem efetuado missões contra as ferrovias que levavam aos campos de extermínio

O mundo da liberdade e da justiça se cala e nada faz.

Último apelo dos judeus de Varsóvia

a fim de, pelo menos, desorganizar e esmorecer o trabalho da morte.

Uma missão impossível, de verdade?

As missões do verão de 1944 são sobre esse ponto eloqüentes. Os raios de ações dos bombardeiros americanos a partir de Lincoln, na Inglaterra, dos ingleses a partir de Foggia, na Itália, dos soviéticos a partir de Poltava, na Rússia, cobriam todos os sítios dos campos. Os bombardeiros aliados sobrevoaram o campo de Auschwitz em 4 de abril de 1944, depois em 20 de agosto, depois ainda em 13 de setembro. Em 30 de junho e em 6 de julho representantes da Agência Judaica pediram em vão ao Secretário do Foreign Office, Antony Eden, que mandasse bombardear a via que ligava Budapeste a Auschwitz a fim de brecar a deportação dos judeus da Hungria, assim como bombardear os próprios campos de extermínio. Desde seu primeiro pedido, apesar do apoio de Churchill, o assistente do Secretário americano de Defesa declarou em 4 de julho de 1944 que o bombardeio de Auschwitz "não era realista". Entre os argumentos adiantados pelos funcionários e pelo estado-maior aliado para recusar tais operações, foi exposto que um bombardeio acima de uma altitude de sete mil metros era aleatório e que os edifícios, de todo modo, seriam reconstruídos rapidamente.

Um testemunho de Primo Lévi parece refutar implacavelmente esses argumentos. Como mão-de-obra escrava em uma fábrica de borracha, em construção perto de Auschwitz, a Buna da IG Farben, o autor explica porque nunca tirara um quilograma da usina:

> O canteiro em que se construía a usina devia entrar em funcionamento perto do fim de 1943, mas, cada vez que a comunicação: "a produção do departamento começará em tal dia" aparecia nos quadros de aviso, na véspera, *um* avião – ignoro se era russo,

americano ou outra coisa – aparecia e lançava *uma* bomba sobre a central térmica ou sobre a central elétrica, de modo a paralisar a produção, porém, sem destruir a usina. Creio que havia um acordo entre os Aliados sobre esse ponto, e foi assim que a usina jamais produziu.

A ausência de decisões de bombardeio para desorganizar as deportações é menos um *mistério* do que um *segredo* descoberto...

A recusa dos Aliados em bombardear as vias de acesso aos campos parece realmente dever-se à ausência de uma vontade decidida de salvar as vítimas.

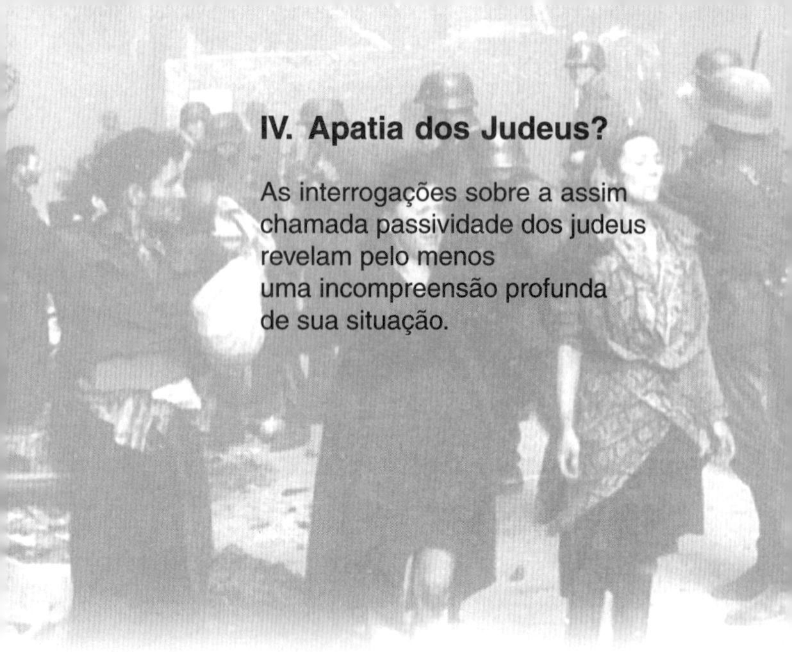

IV. Apatia dos Judeus?

As interrogações sobre a assim chamada passividade dos judeus revelam pelo menos uma incompreensão profunda de sua situação.

Uma questão "ingênua"

A importante *diversidade* das condições políticas, sociais e culturais nas quais se encontravam as populações judaicas segundo o país de residência, sem ligações orgânicas entre si, às vésperas da guerra; depois o estado de *desamparo* (fome, angústia, solidão) no qual se encontrava mergulhada a *massa* do povo judeu presa no grampo nazista; enfim, a *rapidez* com a qual operavam os nazistas, são suficientes para compreender como toda dinâmica de levante em massa se achava excluída. Dois outros elementos podem ser levados em conta.

Uma política inadequada e uma liderança ultrapassada

Depois de viver séculos de forma precária e escapar dos perigos, as comunidades judaicas dispersas haviam se habituado a alternar *súplicas* e *submissão* às autoridades reinantes como único recurso diante da adversidade. Seus mandatários tentavam opor palavras às armas, razão à violência. Os embustes nazistas (registros, "reinstalações" no Leste) puderam, num primeiro momento, fazer crer na utilidade de tentar voltar a essa tradição peticionária (como fez na França o grão rabino Kaplan junto ao comissário dos "assuntos judaicos" Xavier Vallat), ou a negociar adaptações com o ocupante, como o tentaram as autoridades dos guetos. O inconcebível projeto de extermínio total tornava, de antemão, quiméricas essas tentativas de diminuir o efeito pleno das medidas de ostracismo promulgadas pelos nazistas. O processo de extermínio se realizou em seguida com tal rapidez (em março de 1942, os três quartos das vítimas futuras estavam ainda vivas, em fevereiro de 1943 a proporção havia literalmente se invertido) que era demasiado tarde para imaginar uma política alternativa que de todo modo não existia.

Para prever a seqüência dos acontecimentos teria sido preciso ter o sangue dos antigos hunos nas veias. Não se pode alcançar isso com um andar judaico.

CALEL PERECHODNICK, Suis-je un meurtrier?

O distanciamento cultural

Os judeus contaram, no decorrer de sua história, com grandes chefes guerreiros (Josué, Rei Davi, os Asmoneus na Bíblia), Dahia al-Kahina (rainha berbere convertida ao judaísmo), Kaula al-Iehudi, Ibn Negrela (na Espanha mourisca e cristã da Idade Média). Mas o heroísmo na cultura judaica não é o dos gregos ou o dos romanos. Culturalmente, a *virilidade* do homem judeu está menos inscrita em uma estética guerreira do que estabelecida em uma *ética da responsabilidade*. Ela anima o pai de família comum, para quem não restava quase mais nada senão acompanhar os seus para uma sina incompreensível, demasiado assustadora para ser percebida claramente, porém, por demais pressentida para se furtar ao imperativo de uma presença protetora, se a eventualidade fosse ainda possível. Ela freou inicialmente o recurso às armas pela certeza de que a grande massa padeceria das conseqüências. Ela desorientou tragicamente os dirigentes dos Judenräte (conselhos judaicos dos guetos) ou das associações, como a U.G.I.F. na França, arrastados em uma engrenagem de "colaboração" forçada e fatal. É preciso ser singularmente *enfatuado*, *imaturo* ou *fanfarrão* para interpretar à maneira do chefe do campo de Auschwitz, Stangl, essa responsabilidade desesperada como o traço de um comportamento de "lêmingues".

Somente a incompreensão ou a arrogância podem estigmatizar a "passividade" das vítimas da Schoá.

V. A Resistência Judaica

Correlativo à estigmatização de uma suposta "apatia" dos judeus, observa-se uma persistente ignorância quanto à resistência judaica.

A grande esquecida

A resistência judaica é a grande esquecida do combate antinazista. Isso se deve em parte à ausência de *visibilidade* e *legibilidade* dessa resistência multiforme. Mas, também, à escamoteação deliberada pelos guardiães, patriotas ou comunistas, da hagiografia da luta heróica contra o nazismo no após-guerra.

Não digas nunca
que este é seu
último caminho
Quando alegres dias
se vêem
esmagados
sob um pesado céu
A hora virá,
aquela que tanto
esperamos
Escandindo
no chão, nossos
passos dirão:
aqui estamos!

ZOG NIT KEINMOL, *hino dos guerrilheiros judeus de Vilna*

Uma resistência incompreendida

Ausência de *legibilidade*, pois a resistência judaica nas condições de desamparo total e de isolamento das populações judaicas destinadas ao aniquilamento começava muito simplesmente pela *sobrevida*. *"Lo amut kih'hia"* (eu não morrerei, viverei), era o princípio primordial. "Por que vocês fogem das autoridades?", pergunta o oficial da polícia húngara, encarregado da detenção dos judeus, para Isabelle Vital-Tihani. "Por que a lebre se esconde diante dos caçadores?", comenta ela. O estabelecimento de linhas clandestinas de salvamento de crianças perseguidas, que fez escapar milhares delas das deportações em vários países europeus, escondendo-as em instituições e famílias de acolhida, constituía uma operação de *primeiros-socorros* da resistência. A produção de documentos falsos, condição indispensável para a realização de uma tal empreitada, como as outras atividades clandestinas, não tinha o lado fulgurante das ações armadas, mas decorria de uma *necessidade imperativa*. O salvamento das bibliotecas judaicas e dos rolos da Torá, resistência *cultural*, e essa resistência do *testemunho*: páginas encontradas dentro de um frasco de vidro escondido perto do crematório II em Auschwitz, páginas descobertas dentro de uma garrafa em Radom, relato do calvário dos judeus de Plock etc., procedem de um mesmo princípio contra a destruição em curso.

Uma resistência escamoteada

Ausência de *visibilidade*, pois com exceção do levante do Gueto de Varsóvia (abril-maio de 1943), a atividade da resistência armada dos judeus contra o nazismo foi objeto de negligência. Ela não se inseriu, depois da guerra, no sistema geral de glorificações patrióticas dos governos surgidos da vitória. As revoltas dos guetos de Wilno, Bialystok, Totchin, Lachva, Czenstochow, Bedzin, as ações dos guerrilheiros judeus nas florestas da Ucrânia e dos Cárpatos, as revoltas desesperadas nos campos de Auschwitz, Treblinka, Sobibor permaneceram assim em grande parte ignoradas. Ela se viu ainda mascarada quando tomou a forma de um engajamento nas organizações nacionais de resistência ou nas forças aliadas. Na França, desse modo, desconheceu-se a presença dos *partisans* judeus no grupo de resistentes, os maquis, deu-se pouca atenção à escamoteação cometida pelo partido comunista em relação à importância numérica dos judeus em seus grupos F.T.P. (F.T.P. –M.O. I.), nem aos judeus que se juntaram a De Gaulle em Londres, a partir de seu apelo, de 18 de junho. O mesmo fenômeno se produziu no Leste da Europa com o Exército Vermelho e as formações de guerrilheiros, nos Bálcãs; ou ainda com as forças britânicas que, no entanto, contaram até com uma brigada judaica autônoma.

Por isso, a questão correta não é "os judeus resistiram?", mas "como foram tão numerosos a combater em tais condições?"

A resistência judaica foi importante e sobretudo multiforme em resposta ao projeto de aniquilamento.

VI. A Resistência Não-judaica à Schoá

A Resistência ao nazismo
e a resistência à Schoá
são congruentes, mas não se confundem.

Povo testemunho

Ocorreu que alguns movimentos *nacionalistas* de resistência entregaram aos invasores nazistas, embora os combatessem, os judeus que caíam em suas mãos ou que procuravam refúgio junto a eles. Pareceu que regimes aliados da Alemanha sentiam repugnância em seguir os nazistas nos morticínios em massa. Santo Agostinho definiu os judeus como "povo testemunho" da história cristã. A Schoá vai conferir um novo sentido a essa noção. Ela pôs à prova o grau de liberdade dos homens diante da tentação do Mal.

Falhas

A "Aktion T4" de gaseificação dos deficientes foi interrompida devido aos protestos das populações e das pressões das igrejas. A proteção dos enfermos é uma constante misericordiosa do ensinamento cristão. A deportação dos judeus não suscitou uma mesma mobilização. A Igreja Católica foi com a Cruz Vermelha a instituição melhor informada em tempo real sobre a verdade dos morticínios em massa. No verão de 1942, uma maioria do diretório da Cruz Vermelha quis lançar um apelo público, mas Huber, seu presidente, opôs-se a isso. Gerhardt Riegner, representante do Congresso Judaico em Genebra, envia, em agosto de 1942, um telegrama ao Vaticano sobre as gaseificações, ele recebera a informação de Eduard Schulte, um industrial cristão alemão. Jan Karski, correio do governo polonês no exílio, em Londres, esteve no Gueto de Varsóvia (em 1942) e relatou em Londres e em Washington a aflição que lhe fora dado ver. O núncio do Papa em Bratislava (Eslováquia) previne Roma (em março de 1942) do destino que esperava os judeus da Eslováquia durante a *deportação*. Kurt Gerstein, militante cristão antinazista, ingressa deliberadamente na SS. Assiste às operações de gaseificação. Informa a esse respeito, em agosto de 1942, ao cônsul da Suécia, ao bispo protestante Dibelius, ao núncio apostólico Orsenigo. O Vaticano permanecerá excessivamente silencioso.

Quem quer que salve uma vida, salva o universo inteiro.

MISCHNÁ, *"sanedrin" 4:5.*

Presenças

Na França, a partir de 1940, a primeira rede de auxílio aos judeus foi a da Amizade Cristã, reunindo católicos e protestantes. A imprensa cristã clandestina, *La France continue* (*A França Continua*), *Cahier de Témoignage chrétien* (*Caderno de Testemunho Cristão*), ao lado da imprensa clandestina laica, *Le Populaire* (*O Popular*, socialista), *J'accuse (Eu acuso* do Movimento contra o Racismo) conclamam à solidariedade com os judeus. A *Cimade* protestante organiza redes de auxílio. Monsenhor Saliège e Monsenhor Théas, bispos do sudoeste, denunciam as deportações.

Policiais franceses avisam sobre as detenções em massa. Na Bélgica, os policiais municipais se opõem às perseguições. Em fevereiro de 1941, em Amsterdã, vinte mil operários entram em greve para protestar contra as detenções. Na Dinamarca, submetida ao protetorado do Reich, em abril de 1940, o rei Cristiano X e o governo recusam-se a introduzir as leis "raciais". Quando os nazistas decidem efetuar as deportações (outono de 1943), a polícia dinamarquesa e a polícia costeira recusam-se a participar. Em dois dias os sete mil judeus dinamarqueses desaparecem, escondidos pela população e transportados clandestinamente em embarcações dos pescadores para a Suécia. Menos de quinhentos caíram nas mãos dos nazistas. Na Bulgária, o regime entra em guerra ao lado da Alemanha, adota em abril de 1941 os decretos antijudaicos. A população e o clero ortodoxo exprimem seu apoio aos perseguidos. A política de protelações perpétuas oposta ao governo búlgaro prevalece sobre as pressões nazistas. Os cinqüenta mil judeus búlgaros não serão deportados.

A Schoá pôs à prova a profundidade do sentimento de solidariedade humana. Alguns a transpuseram melhor que outros.

/II. Os Justos

Jma nova figura do heroísmo humano
ıasce no Ocidente, nem de guerreiro,
ıem de santo.

O heroísmo dos verdadeiros resistentes é ıodesto, o que dizer então do heroísmo *discreto* e ıté anônimo dos "Justos das Nações". A noção de *'usto*, popularizada pelo filme de Spielberg: *A .ista de Schindler*, encontra sua origem na literaura talmúdica. O homem justo é aquele que se conluz segundo a Justiça e a Honestidade, que se nostra generoso para com o próximo. De acordo ·om a tradição rabínica o mundo é salvo, a cada ;eração, graças aos méritos de trinta e seis justos ıue permanecem anônimos. A lenda, propalada ›ela Cabala, é um tema popular do folclore judai:o. Com ela, o judaísmo colocou no centro da reali:ação de atos sagrados a *santificação da vida* de ›referência ao martírio. Deste modo, enquanto a greja canoniza os mártires tais como o padre Ma:imilien Kolbe ou a carmelita Edith Stein, mor·os em Auschwitz, o Estado de Israel, prolongando ·ssa tradição, criou o título de "Justos das Nações" ›ara honrar aqueles que salvaram judeus do ex·ermínio. Quando se sabe que uma pessoa qual-

Zekher tzadik liverakha – "a memória de um Justo é fonte de bênção".
PROVÉRBIOS, *10:7*

quer, por socorrer os judeus, era punida pelos p
deres colaboracionistas e que, nos territórios a
ministrados diretamente pelo Reich (em especi
a Polônia), era condenada *imediatamente* à mo
te, pode-se medir a audácia dessas criaturas q
superavam o terror instituído, que rompiam co
a tendência comum para a indiferença ou a col
boração, aquela dos corpos constituídos, mas tan
bém a dos chantagistas e dos delatores de plantã

Em sua maioria ações individuais

A ação de socorro aos judeus, salvo pouc
exceções, foi feita de milhares de ações pessoai
individuais ou associadas em cadeia de solidari
dade, perpetradas por pessoas que puseram acim
dos regulamentos civis, a Lei da empatia hum
na, e que acolheram, esconderam (por vezes d
rante anos), ajudaram famílias inteiras a fugi
desconhecidos acossados na desgraça e criança
Tais como, por exemplo, o Pastor André Trocmé
sua mulher Magda, graças aos quais, com a ajud
dos aldeões dos arredores de Chambon-sur-Lig
non nos Cévennes, muitas milhares de criança
foram arrancadas à sua sorte funesta. Ações em
preendidas com perigo da própria vida e sem es
pera de reconhecimentos ou de consentimentos d
parte de seus compatriotas; nem das autoridade
de tutela. São, infelizmente, exemplares desse úl
timo caso, os destinos do diplomata portuguê
Aristides de Sousa Mendes, em Bordeaux, do côn
sul japonês Sempo Sugihara, em Kovno na Lituâ
nia, ou do chefe de polícia do cantão de St. Gal
Paul Grüninger. Infringindo as instruções de seu
governos, no início da guerra, que lhes proibi
dar vistos aos judeus, eles dedicaram suas prerroga
tivas a esta tarefa. Assim, perto de dez mil judeu
para o primeiro, mil e seiscentos para o segundo
não longe de três mil e trezentos para o terceiro

onseguiram escapar do funil que iria se abater obre eles. Chamado à Lisboa, o diplomata portuuês foi demitido e morreu na maior miséria. Mesno destino para o diplomata japonês e para o olicial suíço. Honrados como "Justos das Naões", por esse feito, acabaram depois disso, por erem reabilitados em seus próprios países.

A grandeza desses Justos, como seu pequeno úmero: treze mil recenseados até hoje por toda a uropa é também um *trágico sinal* . Ela sublinha solidão da coragem na *humanidade* comum.

Os Justos, esses heróis discretos, na verdade, anônimos, foram pouco numerosos e muito solitários.

DEBATES

Um Genocídio como Qualquer Outro?

simplificação é sempre um abuso
e cálculo político contra a complexidade
os acontecimentos. A confusão
os genocídios é uma tentativa disso.

Jma querela "política"

A "singularidade histórica da Schoá" tornou-
e objeto desde um certo tempo de querelas por
uaisquer razões. Reconhecer-se-á aí em primei-
o lugar a estarrecedora rivalidade ligada à parti-
ıa dos mártires à qual se entregam comumente
s Nações. Negar ou afirmar a singularidade da
choá nesse nível pode ser a conseqüência do be-
efício de comiseração que as vítimas demandam
m uma cultura de substrato cristão. A questão
ão é nova. Foi assim que na Inglaterra, logo de-
ois da guerra, quando as primeiras imagens dos
ampos de concentração e dos deportados foram
ivulgados, notou-se uma considerável lufada de
nti-semitismo entre a população inglesa. Como
e ela, heróica sob a avalanche dos bombardeios
azistas, tivesse medo de ser desapossada do re-
onhecimento de seu próprio sofrimento. Em se-
uida, o efeito de sideração que produziu a
escoberta da amplitude do crime, fê-la entrar di-

Não há dúvida de que se trata de um crime da maior gravidade e o mais monstruoso jamais perpetrado na História da humanidade.

WINSTON CHURCHILL

retamente no espaço público como referência não ultrapassável da abjeção, na retórica dos *slogans* e da invectiva política. Os discursos tribunícios tratam com facilidade os adversários de "nazistas" ou se autocongratulam facilmente por serem os "resistentes". A seguir, contestar a singularidade da Schoá tornou-se uma aposta política entre os ideólogos de esquerda ou de direita. Para os primeiros, ela parece diminuir o horror dos crimes cometidos pelas ditaduras ou pelas políticas de terror nacionalista (Bósnia). Para os segundos, diminui os crimes dos regimes comunistas. Essa instrumentalização para fins polêmicos e a propensão do espaço público de satisfazer-se com simplificações abusivas não são aceitáveis.

Um acontecimento sem comparação

A Schoá não é um acontecimento histórico "incomparável", ela *não tem comparação* possível. Daí sua "singularidade".

De um lado porque se apresenta como um fato consumado. A *síntese única* de todas as formas anteriores de exploração, de opressão e da violência extrema: escravismo, etnicídio, terror político, assassinatos sádicos, deportações, marcação das vítimas. É bem o que Winston Churchill percebeu o alcance – e a *fusão* de um antijudaísmo recorrente obcecado pelo morticínio com a moderna racionalidade tecnicista e administrativa. De outro lado por que ela foi concebida como uma *fratura* na História da humanidade por seus autores. Aniquilar os judeus até o último, apagar o judaísmo era querer fazer saltar um dos fundamentos – via o cristianismo – da Civilização ocidental, e *reorganizar sua origem*. Não afirmava Hitler, por exemplo: "A consciência é uma invenção judaica é como a circuncisão, uma mutilação do homem"?!.. Mas, também, o extermínio dos judeus era um *ato inaugural*, o início de um mundo de extermínios sucessivos. Tão logo os judeus desaparecessem, outros povos teriam sofrido a mesma sina: os eslavos, os africanos etc. O extermínio iniciado com os ciganos, em Auschwitz, já era uma antecipação do futuro. Afirmar a singularidade da Schoá em relação às outras chacinas de massa, não é senão levar já em conta esses aspectos.

Reconhecer a singularidade da Schoá é, ao contrário dos discursos e cálculos políticos, escutar em profundidade aquilo que ali se urdiu.

II. Uma Metafísica da Schoá?

Dar um sentido a todo custo

"O consolo, é de fato o que todos desejam, os revolucionários os mais selvagens não menos apaixonadamente que os mais pobres pietistas" . Esta observação de Sigmund Freud sobre a crença religiosa e seus avatares, em *O Futuro de uma Ilusão*, vale certamente para as diversas construções interpretativas da Schoá. As tentativas de dar um sentimento escatológico à Schoá têm em comum, o fato de tentarem conjurar um duplo assombro. O do pavor do crime perpetuado e do que ele revela da fragilidade da noção de Civilização e, o da ruptura que ele inscreve no entendimento comum atônito de estupor pela enormidade de Auschwitz.

Vulgares ou poéticas, contorções teológicas ou emplacamentos ideológicos redutores, essas tentativas visam recobrir a estupefação do sentido que se produziu no Ocidente, para se consolar daquilo do qual *não se tem volta,* no duplo uso possível dessa expressão. Trata-se aí de uma escapatória ao traumatismo na Civilização, à *descontinuidade* que sua efetivação realizou.

Interpretações metafísicas

Notar-se-á de passagem que as diversas interpretações propostas a respeito da Schoá jamais se devem aos que dela escaparam – Quando é o caso, eles falam então do "silêncio de Deus" (Elie Wiesel), ou mesmo, como Primo Lévi, concluem: "Existe Auschwitz, não pode, pois, existir aí Deus". As análises provêem de pensadores ou de doutrinários que não a sofreram diretamente. Entre as interpretações que tiveram curso, cabe observar: as da Igreja Católica, para a qual o campo de Auschwitz é o "Gólgota do mundo contemporâneo" e o "Holocausto, uma imensa dádiva que o judaísmo fez à humanidade". Põem-se, portanto, em paralelo Jesus em Gólgota e os judeus em Auschwitz, que morrem para que a mensagem de Deus seja levada ao mundo, visto que "Auschwitz construída para a negação da fé" seria o resultado do triunfo do ateísmo. A explicação deixa pelo menos a dúvida quando se sabe que Himmler declarava: "Jamais suportei nenhum ateu nas fileiras da SS" (Discursos secretos, julho de 1944). É fazer muito pouco caso do sofrimento suportado e não consentido pelos exterminados.

As provenientes do judaísmo, mais diversificadas em razão do pluralismo deste. Certos rabinos ortodoxos, após terem relido literalmente uma admoestação bíblica: "Por que Deus agiu com tanta dureza? Porque eles abandonaram a Aliança de seus pais", interpretam a Schoá como o castigo da Emancipação; o próprio filósofo Martin Buber elaborando um antigo conceito do judaísmo evoca "o eclipse de Deus"; Emile Fackenheim, rabino e filósofo, relevando o caráter sem precedente da Schoá, compreende-a como uma experiência que faz pendente com a da passagem do Mar Verme-lho pelos hebreus. Esta última testemunhando a *presença* de Deus na História, enquanto a Schoá seria a experiência de sua *ausência.*

Renunciar a toda interpretação

Todas essas interpretações funcionam como tentativas de recapturar um sentido anterior, na perspectiva de seu salvamento. "Ali passou-se alguma coisa que nós não conseguimos dominar", sublinhava mais judiciosamente a filósofa Hannah Arendt. De fato, não há lugar para a interpretação da Schoá, pois é ela quem interpreta em negativo o estado da civilização no Ocidente.

"O sentido de Auschwitz é de ser insensato" Emmanuel Lévinas

III. Nazismo = Comunismo? Um Novo Revisionismo

A negação da singularidade da Schoá conduz a assimilações errôneas.

A noção de totalitarismo

A noção de *totalitarismo*, tão brilhantemente desenvolvida pela filósofa Hannah Arendt, colocando em uma mesma configuração: comunismo, fascismo, nazismo, permitiu depois da segunda guerra mundial, de um lado realçar face aos totalitarismos o prestígio sempre cambaleante de um sistema democrático em geral imperfeito. E, de outra parte, negar ao comunismo sua pretensão emancipadora. Ela constituiu pois uma ferramenta conceptual essencial no debate das idéias. Atualmente, porém, tangente à disputa sobre a "singularidade" da Schoá, a polêmica política ao redor da equivalência no crime do nazismo e do comunismo, mais do que de desacreditar o comunismo, relativiza, até mesmo reabilita parcialmente, a criminalidade nazista. Vimo-la na controvérsia dos historiadores alemães (1986-1987). *O chef-de-file* dos historiadores revisionistas alemães, Ernst Nolte, sustentava, por exemplo, que o nazismo não constituía senão uma reação ao bolchevismo, e que o extermínio era apenas um crime reativo, por antecipação, ao crime comunista que estaria sendo preparado.

Só a Alemanha nazista utilizou os cabelos das vítimas para fabricar chinelos e juntas impermeáveis de submarinos, arrancou os dentes de ouro das pessoas assassinadas e os transferiu para o Banco nacional a fim de tirar lucro deles, serviu-se das cinzas humanas como adubo para a cultura hortense.

Walter Grab, A História Escamoteada.

Elementos de distinção

Nos fatos, se há muitos traços comuns entre nazismo e comunismo: sistema de campos de concentração, liquidação em massa de oponentes, culto do chefe, partido único, exaltação da juventude, complacência com a corja, retórica da "tábula rasa" do passado etc; se há muitos conluios: apoio eleitoral do partido comunista alemão aos candidatos nazistas às eleições antes de 1933, Pacto Germano-Soviético em 1939; se há como resultado, para cada um, quase um saldo de dezenas de milhões de vítimas, as diferenças também permaneceram irredutíveis. *Socioistóricas*: os regimes comunistas representam o fracasso do *estabelecimento* da democracia, o regime nazista representou o *fracasso* da democracia. Os regimes comunistas se instalaram na periferia da zona de predominância democrática, o nazismo se instalou no seu centro principal de então. *Paradigmáticas*: o comunismo pretende realizar o igualitarismo e o universalismo cristão, o nazismo se desencadeia contra esses. O comunismo é autofágico, o nazismo é predador. O *gulag* agrava a prática czarista da deportação, o nazismo "inventa" a industrialização do morticínio em massa. O comunismo é um fanatismo sanguinário, seus crimes são os da negação da realidade humana. O nazismo é uma cultura criminosa, seus crimes são os da reivindicação da canalhice humana. O comunismo, ao se desmoronar sozinho, deixa um "campo de ruínas", o nazismo, vencido militarmente, deixa traços perversos na cultura moderna. Na escatologia judaica, Béhémot e Leviatã designam dois monstros terríveis. O filósofo inglês Hobbes, a exemplo de Santo Agostinho, popularizou as duas figuras. Leviatã designa o Estado coercitivo, Béhémot o não-Estado, o caos, a desordem da ausência mortal da lei. Ao designá-los assim Leviatã para o comunismo, Béhémot para o nazismo, ajudaremos a não confundi-los.

A analogia "revisionista" do comunismo e do nazismo, apesar das semelhanças e da amplitude de seus crimes, não resiste a sua análise comparativa.

LIÇÕES

I. A Onda de Choque I: Uma Vida Mutilada

O traumatismo do extermínio repercurte pelas gerações.

Um mundo desaparecido

Em 1939, a população judaica na Europa elevava-se a cerca de nove milhões de pessoas. No final da guerra, entre cinco e seis milhões haviam desaparecido no terror. Ou seja, perto de dois terços. Na escala demográfica da França atual, isso seria o equivalente a mais de trinta e oito milhões de seus habitantes. A frieza contábil dos números, porém, nada nos diz ainda. Nada do *desaparecimento* da cultura *Ídiche* cujo destino foi selado pelo extermínio. Em 1939, sete milhões de judeus na Europa falavam o ídiche, mistura de alemão e de hebraico com influências latinas e eslavas, idioma vivo e língua materna da maioria dos judeus do Leste europeu. Em ídiche, podia-se ler todos os clássicos da literatura mundial e da cultura moderna: de Homero a Tchékhov, de Shakespeare a Kafka, de Hegel a Nietzsche. Língua de comunicação, era também uma língua de criação: romances, peças de teatro, poesias, canções, jornais,

O Estado existe, ele não encontrou a nação que havia previsto.

BEN GURION, *Primeiro-Ministro de Israel.*

cinema, redes escolares, universidades, institutos de pesquisa, política, e um *humor*, muito característico de um modo de vida e de sua filosofia de existência. No final da guerra, ela não era mais do que uma cultura de sobreviventes muito pouco numerosos para constituir a massa crítica necessária à sua manutenção.

Nada, não mais do *corte* feito ao sentimento de segurança de pertinência – para além de seus conflitos e violências inerentes – à espécie humana. Corte talhado por uma hecatombe devido nem a terrível fatalidade de uma catástrofe natural, nem a ignóbil injustiça dos flagelos da guerra, mas a uma assustadora vontade de aniquilamento total e sem escapatória. Ela foi sofrida em uma solidão tão extrema que se tornou uma ferida ontológica como pôde formulá-la o escritor Jean Améry.

Uma nação amputada

Em 29 de novembro de 1947, a Assembléia Geral das Nações Unidas adotou uma proposição de partilha do território da Palestina sob o protetorado britânico. A criação do Estado de Israel, rejeitada pelos países árabes, não constituía uma "compensação" ou uma "reparação" pelo cataclisma da Schoá. Ela concluía apenas a demonstração feita da incapacidade dos Estados membros de assegurar proteção e socorro a seus cidadãos judeus. Um Estado, no quadro do direito internacional, permite a um povo de prover a si mesmo sua segurança. A responsabilidade recaiu sobre o movimento *sionista* (fundado em 1896), única corrente política especificamente judaica, após o desaparecimento do Bund (partido socialista "autonomista" fundado em 1897) cujas massas haviam sido exterminadas, de assegurar o devir e a segurança do povo judeu no concerto das nações.

Concebido por Théodor Herzl, o sionismo era o duplo herdeiro paradoxal da Revolução Francesa, cujo modelo do Estado-nação ele retomava, outrossim, do desmentido que a República fizera de suas próprias promessas (Caso Dreyfus). Seu objetivo era dar às populações judaicas do Leste europeu um abrigo nacional contra o anti-semitismo. Mas aqueles para quem esse abrigo nacional havia sido concebido prioritariamente não podiam mais comparecer ao encontro.

"O judeu da catástrofe, assim como poderíamos comodamente denominá-lo, teve de acostumar-se a uma existência privada de confiança no mundo". Jean Améry, *Par-delà le crime et le chatiment.*

Processo de Nurembergue:Os chefes nazistas, mandantes dos crimes terríveis, não têm os semblantes carregados.

O extermínio não matou apenas os indivíduos. Ao destruir sua cultura, ele modificou o destino histórico do resto do povo judeu.

II. A Onda de Choque II: O Homem"Precarizado"

O malogro do pós-guerra

"Nós ganhamos a guerra, mas perdemos o pós-guerra", constatou Simon Wisenthal, que consagrou sua vida à perseguição dos criminosos nazistas. Ele fazia alusão ao jogo cínico, engendrado pela *guerra fria* entre as democracias ocidentais e os regimes comunistas, desde a vitória conquistada. O Processo de Nurembergue (18 de outubro de 1945 – 1 de outubro de 1946) foi a oportunidade para introduzir no direito internacional a noção inédita de *crimes contra a humanidade* à qual foi conferida um regime particular: a *imprescritibilidade*. Quer dizer, a possibilidade de perseguir os autores de tais crimes sem limite no tempo. Foi previsto que os tribunais militares interaliados conduzissem uma série de treze processos. O primeiro dentre eles permitiu a condenação de vinte e um dos principais dirigentes nazistas. Mas a *desnazificação* mudou bruscamente. Os antigos Aliados procurando ganhar o favor das populações de cada setor da Alemanha que eles ocupavam.

Uma ocasião perdida

Para os processos seguintes os Aliados haviam estabelecido uma lista de cinco mil criminosos mais importantes. No momento da abertura do segundo (agosto de 1946) seu número total estava reduzido para cento e oitenta e cinco. Estes últimos dispuseram de duzentos e seis advogados, dos quais cento e trinta e seis haviam sido membros do partido nazista... Em meados de 1949, sobre as três milhões quatrocentos e quarenta e cinco mil e cem acusações estabelecidas inicialmente pelos tribunais de desnazificação, trezentos acusados purgavam ainda uma pena. Uma comissão de "clemência" instalada em abril de 1950, reviu com diminuição de pena em todas as condenações pronunciadas. Entre os absolvidos figuravam *todos* os industriais condenados que recuperaram seus cargos de direção. Muitos dos criminosos nazistas, dentre os quais os principais coordenadores da Schoá, puderam fugir da Europa, ajudados pela organização clandestina nazista "Odessa", ou pelas filiais da organização católica "Caritas". Essas paródias de sanções, desirrisórias diante da amplitude dos crimes cometidos, não puderam exercer efeitos didáticos, reconstrutivos para os valores éticos indispensáveis ao exercício democrático. O que poderia ter servido para o restabelecimento da Civilização transformou-se em mensagem implícita de impunidade. A ocasião coletiva de produzir um trabalho simbólico para tapar a brecha aberta em Auschwitz em direção à desumanidade, para fechar a porta sobre o abismo da coisificação intra-humana, foi perdida.

O nazismo constituiu para o Ocidente um acontecimento histórico e um episódio de desestruturação dos quais as sociedades contemporâneas permanecem tributárias.

PIERRE LEGENDRE, La 901ème conclusion.

Efeitos ricocheteantes

"Auschwitz transformou as condições de permanência das relações entre seres humanos", alertou o filósofo Jurgen Habermas. O nazismo abriu a possibilidade de um mundo mortífero *sem limites*, em que a ética do Interdito faz falta à estruturação do vínculo social, não opõe mais obstáculo à violência coisificante. Apresentadas nas versões contratuais da oferta do mercado democrático, os rascunhos totalitários do Lebensborn, e do Castelo de Hartheim perseguem, doravante, com o desconhecimento desses, a procriação seletiva, a medicina preditiva. E o que dizer da clonagem anunciada? Convêm meditarmos sobre uma imagem emblemática: era sob a camuflagem de uma falsa ambulância com as cores da Cruz Vermelha que o gás era entregue em Auschwitz.

A ausência de combatividade para sancionar rigorosamente os nazistas deixou traços na cultura ocidental.

III. A Questão do Mal

O embotamento satisfeito das democracias não pode prever o nazismo.
Em que condições poderiam elas no futuro não se deixar surpreender?

Uma falha na cultura

"A verdadeira parte querelante em vosso tribunal é a Civilização" declarou, em 18 de outubro de 1945, o procurador-geral americano Jackson, diante do tribunal militar internacional, na abertura do processo de Nurembergue. Mas, de qual Civilização poder-se-ia ainda estar se tratando? O surgimento inédito no conflito político-democrático de um partido constitutivamente criminoso foi uma eventualidade jamais considerada por nenhum dos louvadores ou detratores da democracia. Que o nazismo pudesse emergir e apoderar-se do aparelho de Estado alemão constitui doravante um fato incontornável e irreabsorvível. Um tal fato impõe ao projeto democrático corretivos, a fim de que, sob uma forma inédita, uma tal gangrena não se repita.

Aconteceu, pode, portanto, voltar a acontecer de novo: tal é o núcleo que temos a dizer!
Primo Lévi

À prova do nazismo, a questão aparece no que diz respeito às condições que presidiram o desarmamento da inteligência democrática quanto à capacidade de discernimento. Ela estabelece a hipótese de uma *falha* inscrita na *episteme* do humanismo ocidental: o da dificuldade de pensar e de identificar o Mal. No *Protágoras*, não declara Sócrates que o Mal feito pelo homem é a conseqüência de uma imperfeição que o impede de conhecer o Bem, ou o fruto de uma ilusão que leva o homem a crer que ele pratica o Bem quando na realidade pratica o Mal? A justificação dada por Margot Asquith, a viúva do primeiro-ministro inglês, para explicar a política de *apaziguamento* que este aplicou antes da guerra, frente a Hitler, é também esclarecedora: "Era necessário responder à raiva com amor cristão. Há somente uma maneira de preservar a Paz no mundo e de se livrar de seu inimigo, é entendendo-se com ele. E quanto mais vil, mais é indispensável combatê-lo com outras armas". Conhecemos hoje a inconseqüência e as conseqüências. A Civilização, evocada em Nurembergue, era também aquela incapaz de encarar a eventualidade do Mal radical.

O mal radical

Em 1929, Sigmund Freud deu a público, com a urgência de um pressentimento, o *Mal-estar na Civilização*. Texto guia que inverte a concepção idealizante que sustentou a marcha do Ocidente para a democracia. Freud se prendeu à cegueira da moral normativa que acompanha a democracia no tocante à realidade incurável da agressividade humana: "É verdade que aqueles que preferem os contos de fadas fazem ouvidos moucos quando se lhes fala da tendência inata do homem à 'maldade', à agressão, à destruição, e portanto, também, à crueldade".

A efetividade do nazismo, suas conseqüências medonhas e os danos duradouros que infringe à Cultura, é um aviso constante do que Kant havia postulado e Freud identificado: que o Mal radical é uma propensão perseverante da espécie humana, que encontra a morada na fruição de *toda força coisificante*. Caminhar com esse conhecimento, em um lúcido desencanto, eis o que terá faltado à Civilização. Ele se tornou a condição de uma vigilância vital para enfrentar os episódios vindouros.

O desconhecimento da propensão ao Mal radical do gênero humano desarmou antecipadamente as democracias e tornou possível o nazismo.

IV. E Agora?

Um pessimista é um otimista bem-informado.

Provérbio russo

A volatilização do nazismo, após a sua derrota, terá feito desaparecer alguns de seus embasamentos e de seus efeitos psicoculturais profundos?

Desde sempre, dois discursos de sintaxes múltiplas e de enunciados que se buscam nos discursos textuais de seu tempo, perfilam seus conflitos entremeados na Civilização. Insistamos: não *entre* as "civilizações", porém internas a cada uma destas. Poder-se-ia hoje nomeá-los: o Discurso da Sabedoria e o Discurso do Prazer? Um, balbuciante mas sólido; o outro, imperativo mas com pés de argila.

No pontilhado do primeiro se desenha o reconhecimento de que ele é o *inacessível* e que há o *inapreensível*. Traça-se uma linha divisória entre o que depende do desconhecido – a conhecer – e o que resulta do inapropriável. Toma-se a medida do homem. E por causa desta: você deve aceitar que "nem tudo é permitido", que existe o Interdito necessário, como ponto de articulação de sua possível humanidade. No exclamativo e no superlativo do segundo, prende-se o imperativo "neo-sadeano" de um "Você não deve se interditar de nada" com uma negação, a obsessão exclusiva do *fatum*. "Os vícios privados em Sade", haviam comentado, desde 1944, Max Horkheimer e Theodor Adorno, "são a historiografia antecipada das virtudes da era totalitária"...

Na confusão, depois da segunda guerra mundial, do Leviatã e do Béhémot, a epistemologia política progressista desqualificou intelectual e unilateralmente todos os traços que pudessem se aparentar ao da "coerção". E com estes o acolchoamento que constitui o princípio do Interdito. Atribuindo à essência do nazismo o que era referível ao Leviatã, aumentado do pavor que inspiravam os assassinatos de massa perpetrados pelos nazistas, o pensamento político, nesse menosprezo, resvalou ainda mais no declive da desqualificação do Interdito. A estigmatização da "SS" tornou-se a chave-mestra de todas as reivindicações antiautoritárias, ou apresentadas como tais. Por aí, foi engendrado o estabelecimento de um Béhémot acéfalo, auto engendrando-se sem intencionalidade, nem vagabundo nem nazista, mas impregnado de ambos. Por efeitos ricocheteantes e efeitos induzidos. A asserção de Hannah Arendt, em *O Sistema Totalitário,* segundo o qual "o nazismo como ideologia era 'realizado' de maneira tão completa que seu conteúdo cessou de existir como um conjunto de doutrinas autônomas", parece pecar pelo otimismo.

A "heroificação da violência" (a emblematização do *killer*, do "traficante" como herói substituto contemporâneo ao "proletário"), as linguagens e práticas coisificantes (gerenciamento, marketing, eugenismo e eutanásia "democráticas"), o "Prazer", como direito e dever e motivo de identidades precárias (singularidades sexuais, aditivas), abrem o caminho para novas explosões de "pulsões de morte".

Veja: eu te proponho
hoje a vida
com o Bem, a morte
com o Mal.
Escolha a vida.

DEUTERONÔMIO, *30: 15.*

Como último eco àquilo que está em vias de advir, tal como uma missiva lançada para o futuro, Sigmund Freud, em *Moisés e o Monoteísmo*, deixou esta última indicação: "Nós vivemos um tempo particularmente curioso. Nós descobrimos com surpresa que o progresso concluiu um pacto com a barbárie".

Cabe a nós recolhê-la e dar-lhe o desenvolvimento que ela espera.

A confusão entre o Leviatã e o Béhémot, no pensamento político, acarretou uma derivação da Cultura para um novo Béhémot.

Bibliografia

Testemunhos

ANTELME, Robert. *L'Espèce Humaine*. Gallimard, 1957.
BEBER-NEUMANN, Margarete. *Déportée à Ravensbrück*. Le Seuil, 1985.
BULAWKO, Henri. *Les jeux de la mort et de l'espoir.* Montorgueil, 1993.
BOROWSKI, Tadeusz. *Le monde de pierre*. Christian Bourgeois, 1992.
DELBO, Charlotte. *Auschwitz et après*. Minuit, 1970.
HILLESUM, Etty. *Une vie bouleversée*. Le Seuil, 1985.
HILLESUM, Etty. *Lettres de Westerbork*. Le Seuil, 1988.
KLUGER, Ruth. *Refus de témoigner*. Viviane Hamy, 1997.
LAKS, Simon. *Mélodies d'Auschwitz*. Cerf, 1977.
LEVI, Primo. *Si c'est un homme*. Julliard, 1987.
LEVI, Primo. *La trève*. Grasset, 1966.
MÜLLER, Filip. *Trois ans dans una chambre à gaz*. Pygmalion, 1980.
RINGELBLUM, Emmanuel. *Chronique du ghetto de Varsovie*. Payot, 1995.
RAUSCHNING, Hermann. *Hitler m'a dit.* 1ª ed, 1939, Livre de poche, 1979.
ROUSSET, David. *L'Univers concentrationnaire*. Minuit, 1965.
VITAL-TIHANYI, Isabelle. *La vie sauve*. Minuit, 1981.

Documentos

Amicale d'Orienbourg –Sachsenhausen, Sachso, Plon/Minuit, 1982.
COURTOIS, Stéphane, RAYSKI, Adam. *Qui savait quoi?,* La Découverte, 1987.

EHRENBURG, Ilya, GROSSMAN, Vassili. *Le livre Noir*, Solin/Actes Sud, 1995.
FRANCK, Anne. *Les Journaux*. Calmann-Lévy,1989.
GUTERMAN, Simha. *Le livre retrouvé*. Plon,1991.
KOGON, Eugen, *L'etat SS*. Le Seuil, 1970.
KOGON, Eugen, LANGBEIN Hermann, RUCKERL Adalbert, *Les chambres à gaz, secret d'Etat*. Minuit, 1984.
LANGBEIN, Hermann, *Hommes et femmes à Auschwitz*, Fayard, 1975.
LANZMANN, Claude, *Un vivant qui passe*, Mille et une nuits, 1997.
LAZARE, Lucien, *Le livre des Justes*, Hachette, 1998.
MARK, Ber, *Des voix dans la nuit*, Plon, 1982.
ROLLIN, Henri, *L'Apocalypse de notre temps*, Allia, reed. 1991.

Estudos e reflexões

AMERY Jean, *Par delà le crime et le chatiment*, Actes Sud, 1995.
ARENDT Hannah, *Le Système totalitarie*, Le Seuil, 1995.
________., *Auschwitz e Jerusalém*, Presse pocket, 1991.
BEDARIDA François, *La politique nazie d'extermination*, Albin Michel, 1989.
BENSOUSSAN Georges, *Génocides pour mémoire*, Félin, 1989.
BROWNING Christopher, *Des hommes ordinaires*, Les Belles Lettres, 1994.
DAVIDOWICZ Lucy, *La guerre contre les Juifs*: 1933-1945, Hachette, 1977.
DECROP Geneviève, *Des camps au génocide* , P.U.G., 1995.
FAVEZ Jean-Claude, *Une mission impossible?*, Payot, 1989.
FRIEDLÄNDER Saul, *L'Allemagne nazie et les Juifs*, Le Seuil, 1997.
HILLBERG Raul, *La destruction des Juifs d'Europe*, Fayard, 1988.
JANKELEVITCH Wladimir, *L'Imprecriptible*, Le Seuil, 1986.
KASPI André, *Les Juifs pendant l'occupation*, Le Seuil, 1991.
KERSHAW Jan,*Qu'est-ce-que le nazisme?*, Folio, 1992.
LAQUEUR Walter, *Le terrifiant secret*, Gallimard, 1981.
LEVI Primo, *Les Naufragés et les rescapés*, Gallimard, 1986.
MARRUS Michaël, *L'Holocauste dans l'Histoire*, ed. Eshel, 1990.
MATARD-BONUCCI Marie-Anne, *La libération des camps et le retour des déportés en France*, Complexe, 1995.
MAYER Arno, *La "Solution finale" dans l'Histoire*, La Découverte, 1990.
MOMMSEN Hans, *Le national-socialisme et la société allemand*, Maison de sciences de l'homme, 1997.
SEMMELIN Jacques, *Sans armes face à Hitler*, Payot, 1989.
SERENY Gitta, *Au fond des Tènebres. De l'euthanasie à l'assassinat de masse*. Denoël, 1975.
SOFSKY Wolfgang, *L'0rganisation de la terreur*, Calmann-Lévy, 1993.
VIDAL-NAQUET Pierre, *Réflexions sur le génocide, (Les Juifs, la mémoire et le présent III)*, La Découverte, 1995.
WIEWIORKA Annette, *Déportation et génocide: entre la mémoire et l'oubli*, Plon, 1992.
WYMAN David, *L'Abandon des Juifs. Les américains et la solution finale*, Flammarion, 1987.

Audiovisuais

Schoá, LANZMANN, Claude. René Château.
De Nurenberg à Nurenberg, ROSSIF, Frédéric. Films Office.
L'Histoire de la Schoá, CD-Rom, Ed. Softissimo et Endless, Compatibilidade PC e Mac.

Endereços úteis

- Centro de documentação judaica contemporânea (CDJC), 17, rue Geoffroy-l'Asnier, 75004 Paris.
- Centro histórico da Resistência e da deportação, 14, avenue Berthelot, 69007 Lyon.
- Comitê de Informação dos Estudiosos sobre a Schoá, 78, avenue desChamps-Elysées, 75008.
- Casa da Conferência de Wannsee, Gedenkstätte, Has der Wannsee-Konferenz, Am Grossen Wannsee 56-58, 14109 Berlim, Alemanha.
- Museu de Auschwitz, 32-603 Oswiecim 5, Polônia.
- United States Holocaust Memorial Museum, 100, Raoul Wallenberg Place, SW, Washington, DC 20024-2150, Estados Unidos.
- Yad Vashem, Museu de recordação dos heróis e dos mártires da Schoá, B.P. 3477, Jerusalém, Israel.

Glossário

CONCÍLIO DE LATRÃO: Foi no IV Concílio de Latrão, em 1215, que o Papa Inocente III estabeleceu o princípio de um governo teocrático. Pretendia não apenas recuperar a plenitude do poder espiritual, porém, colocar sob o controle da Igreja o conjunto dos poderes políticos. Nessa perspectiva foram confirmados e reforçados os dispositivos relativos à Inquisição e foram criadas as ordens mendicantes, incumbidas de velar pela pureza evangélica dos reinos. Os judeus, tolerados em terra cristã tendo em vista sua conversão, deviam, eles, ser separados dos cristãos. Com esta finalidade foi decretada a imposição de um sinal de identificação sobre suas vestimentas. Gregório IX acrescentou a isto, em 1240, o expurgo dos livros judaicos e em especial do *Talmud*.

LEIS DE AYLLON: Como as prescrições do Concílio de Latrão permaneceram globalmente "letras-mortas" nos reinos de Espanha, os dominicanos negociaram junto a Fernando, as leis anti-judaicas de 2 de janeiro de 1412, em troca do apoio deles a sua ascensão à coroa de Aragão. Compostas de vinte e quatro artigos, ordenavam a transferência dos judeus para um bairro fechado, com o estrito controle das saídas e deslocamentos, a proibição de todos os ofícios de administração, de todos ofícios honrados e rentáveis, a obrigação do porte de barba e de cabelos longos (para as mulheres: um véu para cobrir a cabeça), as vestimentas feitas somente de tecido negro e barato, e a "rodela" bem visível. Nenhuma mulher cristã, nem mesmo as prostitutas, deveriam transpor a entrada dos bairros de separação. E nenhum judeu podia mais possuir o título honorífico de "dom".

OS PROTOCOLOS DOS SÁBIOS DE SION: Em agosto de 1921, um jornalista inglês Philip Graves descobriu o "segredo" e demonstrou a fraude dos *Protocolos*. Em 1865 havia sido publicado anonimamente em Bruxelas um panfleto antinapoleônico: *O Diálogo nos Infernos entre Maquiavel e Montesquieu,* de autoria de um certo Maurice Joly. Um exemplar do "Diálogo" foi encontrado nos arquivos da Okhrana e os *Protocolos* se revelaram o mais incrível plágio desse panfleto. Foi preciso ainda esperar 1939 e a publicação de *A Apocalipse de Nosso Tempo* de Henri Rollin para que toda a luz fosse definitivamente feita sobre essa mistificação. Este livro foi imediatamente proibido pelas autoridades alemãs a partir da ocupação da França. Isto não impede absolutamente que os *Protocolos* continuem ainda a ser editados e vendidos pelo mundo por iniciativa dos círculos anti-semitas ou antisionistas.(Sobre os "Protocolos dos Sábios de Sion" ver *Mistificações Literárias "Os Protocolos dos Sábios de Sion"* – Anatol Rosenfeld, coleção Elos –Perspectiva. N.dosTT.)

BABI YAR: O complexo de Auschwitz tornou-se o nome emblemático dos campos de extermínio, e a ravina de Babi Yar, na proximidade de Kiev, tornou-se o dos massacres de massa, perpetrados pelas tropas da Wermacht, os destacamentos Einsatzgruppen, as milícias locais anti-semitas, nos próprios locais de residências das populações judaicas. "Como represálias aos atentados de Kiev, todos os judeus foram detidos e, nos dias 29 e 30 de setembro de 1941, 33 771 judeus, no total, foram executados" (relatório de um chefe de comando do Einsatzgruppe C). Pelo fato de homens estarem engajados em sua maioria no Exército Vermelho, as vítimas foram sobretudo as mulheres, as crianças e os velhos.

A lembrança da chacina de Babi Yar, sistematicamente escamoteado pelas antigas autoridades soviéticas, (apenas depois de 1991, que 29 de setembro foi decretado o "dia de lembrança das vítimas de Babi Yar"), inspirou grandes artistas soviéticos contestadores: o poema de S.Evtuchenko, a sinfonia n.13 de D. Shostakovitch, o romance de V. Grossman (*Vida e Destino).*

KAPOS: A organização interna dos campos de concentração dividia-se entre o poder disciplinar, repressivo, e o administrativo, proveniente da SS, e o enquadramento imediato dos deportados, proveniente da população dos prisioneiros. No topo dessas encontrava-se o Lagerälteste, o deão dos campos escolhido pela SS. Depois o Schreibstube, o "Secretariado", encarregado da administração interna do campo. No topo de cada bloco de habitação havia o Blockälteste, secundado pelos Stubendienste, serviço de caserna. Por fim vinham os Kapos, responsáveis perante o chefe SS de cada kommando de trabalho. Antigos S. A. nazistas caídos em desgraça, criminosos de direito comum (ladrões, proxenetas, assassinos,), corruptos, brutais, delatores, constituíam um perigo imediato para os deportados. Nos vários campos uma luta surda opunha criminosos do direito comum (triângulo verde) e deportados políticos, especialmente comunistas, (triângulo vermelho), para a obtenção de tais postos. A vitória desses últimos fazia recuar em alguns graus as violências.

SONDERKOMMANDOS: "A história dos Lager foi escrita quase exclusivamente por aqueles que, como eu, não sondaram o fundo" lembrou Primo Lévi. Aqueles que o fizeram não retornaram. Os membros dos Sonderkommandos, judeus obrigados a esvaziar as câmaras de gás e a incinerar os cadáveres, são os que mais dele se aproximaram. Periodicamente eliminados e substituídos a fim de que nenhuma testemunha subsistisse, um punhado dentre eles somente, cada vez por extraordi-nária conjugação de circunstâncias, sobreviveu, murados no silêncio do pavor Filip Muller é um deles. Seu testemunho, *Três Anos em uma Câmara de Gás,* é um dos raros acessíveis.

A LIBERTAÇÃO DE AUSCHWITZ: A libertação do complexo de Auschwitz-Birkenau, em 27 de janeiro de 1945, terá constituído um objetivo de guerra, principal ou secun-dário, do Exército Vermelho na Polônia? Nós sabemos, graças ao depoimento do general Petrenko, que a resposta é negativa. Embora os dirigentes soviéticos sou-bessem, como os dos Estados Unidos e da Grã-Bretanha, da existência dos cam-pos, das câmaras de gás e do extermínio dos judeus, eles não empreenderam nenhuma ação para brecá-la ou diminui-la. No entanto, em abril de 43, a existên-cia do campo de Auschwitz era mencionada por extenso no *Pravda.* Foi de fato, quando da operação do Vístula-Oder, porque o marechal Koniev precisou mudar a direção da ofensiva do 60º exército, para se apoderar dos cruzamentos ferroviá-rios das cidades de Auschwitz e de Neuberun e isso, contrariamente às instruções da direção do QG em Moscou, que o Exército Russo deparou no caminho o campo de extermínio. Foi, pois, devido a uma manobra militar que se deveu a libertação do campo. Ela pôs em cheque o plano dos nazistas de fazer desaparecer todo traço do campo e de seus últimos sobreviventes. Aconteceu o mesmo com a libertação do campo de Maïdanek, no curso dos combates para a tomada da cidade de Lublin pelo 2º exército de blindados do Exército Vermelho.

INVERSÃO DA AKEDA: Com a Akeda, nome habraico, designando o episódio da "liga-dura de Isaac" e seu sacrifício a Deus, por seu pai Abraham, substituído por um bode, assume o significado de renúncia aos sacrifícios humanos, praticados fre-qüentemente nas civilizações da Antigüidade. De uma certa forma pode-se dizer que o nazismo inverte esse avanço no trabalho de civilização do homem. Uma das manifestações anedóticas das mais sintomáticas dessa inversão poderia ser o anún-cio pelo Reichmarschall Göring, em agosto de 1933, do fim "da insuportável tor-tura e do sofrimento engendrados pelas experiências nos animais" e a ameaça de enviar para campo de concentração "aqueles que pensam ainda que podem tratar os animais como um bem inanimado" (*sic*).

Índice Onomástico

Coleção Khronos

1. *O Mercantilismo*, Pierre Deyon
2. *Florença na Época dos Medici*, Alberto Tenenti
3. *O Anti-Semitismo Alemão*, Pierre Sorlin
4. *Os Mecanismos da Conquista Colonial*, Ruggiero Romano
5. *A Revolução Russa de 1917*, Marc Ferro
6. *A Partilha da África Negra*, Henri Brunschwig
7. *As Origens do Fascismo*, Robert Paris
8. *A Revolução Francesa*, Alice Gérard
9. *Heresias Medievais*, Nachman Falbel
10. *Armamentos Nucleares e Guerra Fria*, Claude Delmas
11. *A Descoberta da América*, Marianne Mahn-Lot
12. *As Revoluções do México*, Américo Nunes
13. *O Comércio Ultramarino Espanhol no Prata*, Emanuel Soares da Veiga Garcia
14. *Rosa Luxemburgo e a Espontaneidade Revolucionária*, Daniel Guérin
15. *Teatro e Sociedade: Shakespeare*, Guy Boquet
16. *O Trotskismo*, Jean-Jacques Marie
17. *A Revolução Espanhola 1931-1939*, Pierre Broué
18. *Weimar*, Claude Klein
19. *O Pingo de Azeite: A Instauração da Ditadura*, Paula Beiguelman
20. *As Invasões Normandas: Uma Catástrofe?*, Albert D'Haenens
21. *O Veneno da Serpente*, Maria Luiza Tucci Carneiro
22. *O Brasil Filosófico*, Ricardo Timm de Souza
23. *Schoá: Sepultos nas Nuvens*, Gérard Rabinovitch
24. *Leni Riefenstahl: Cinema e Nazismo*, Luiz Nazário

IMPRESSÃO E ACABAMENTO
Bartira Gráfica e Editora Ltda.